標準レベル 1

漢《かん》字《じ》の読み（1）

時間	合かく	とく点
15分	40点	／50点

勉強した日（　月　日）

1 ──の漢字《かんじ》の読み方を書きなさい。（1点×12）

① 落ちた木《こ》の実《み》を拾う。

② 薬をお湯《ゆ》で飲む。

③ 寒い朝に食《た》べ物《もの》を温める。

④ 港がある町の近くに住む。

⑤ 川の流れがとても速い。

⑥ 悲しくて、美しい話。

2 ──の漢字の読み方を書きなさい。（1点×14）

① 駅長が親しげに乗客と話す。

② 図書館の本を整理する。

③ 動物をみてくれる病院をさがす。

④ 西洋の文化を研究する。

⑤ この作品は、世界的《てき》にも有名だ。

⑥ 校庭の鉄ぼうでよく練習をする。

3 ──の漢字の読み方を書きなさい。（1点×12）

① 図を指しめす。／先生が指名する。

② 深い海。／深夜に目ざめる。

③ 友だちを追う。／車を追せきする。

④ 大切な命。／生命のふしぎ。

⑤ 休みが終わる。／バスの終点。

⑥ 暗い道。／言葉《ことば》を暗記する。

4 ──の漢字の読み方を書きなさい。（1点×12）

① 神社にまいる。／神話を読む。／神様《さま》をおがむ。

② 赤いぶどう酒。／お酒を買う。／酒屋《や》さんに行く。

③ 開会式《しき》に出る。／ドアを開く。／まどを開ける。

④ 店の主人。／犬のかい主／主なできご

上級レベル

2 漢字《かんじ》の読み (1)

1 20 40 60 80 100 120(回)

時間	15分
合かく	40点
とく点	50点

勉強した日（　月　日）

1 ——の漢字《かんじ》の読み方を書きなさい。（1点×12）

① 山を横に見ながら、橋をわたる。（　）（　）

② 投げられたボールを打つ。（　）（　）

③ 氷ですべって転ぶ。（　）（　）

④ 急いだので、息が切れる。（　）（　）

⑤ 家の庭で子犬が遊ぶ。（　）（　）

⑥ 服をもらったお礼を言う。（　）（　）

2 つぎの漢字の音《おん》読みと訓《くん》読みを、〈れい〉にならって書きなさい。送《おく》りがながあるものはつけて書きなさい。（1点×18）

〈れい〉 送（そう）（おくる）

① 所（　）（　）

② 球（　）（　）

③ 路（　）（　）

④ 短（　）（　）

⑤ 注（　）（　）

⑥ 皮（　）（　）

⑦ 血（　）（　）

⑧ 柱（　）（　）

⑨ 君（　）（　）

3 つぎの漢字の訓読みを二つずつ書きなさい。（一問1点×6）

① 代（　）（　わる）

② 指（　）（　す）

③ 畑（　）（　）

④ 負（　ける）（　う）

⑤ 苦（　しい）（　い）

⑥ 重（　い）（　ねる）

4 つぎの漢字の読み方を書きなさい。（1点×14）

① 決心（　）

② 電流（　）

③ 用意（　）

④ 空想（　）

⑤ 返事（　）

⑥ 高速（　）

⑦ 放送（　）

⑧ 委員（　）

⑨ 暗算（　）

⑩ 昭和（　）

⑪ 入荷（　）

⑫ 直感（　）

⑬ 世間（　）

⑭ 新緑（　）

標準レベル

3 漢字《かんじ》の読み (2)

時間 15分
合かく 40点
とく点 　50点
勉強した日〔　月　日〕

1 ――の漢字《かんじ》の読み方を書きなさい。(1点×12)

① 暑いので、つめたい物を飲《の》む。
② 炭を使《つか》った昔のくらしについて習《なら》う。
③ 軽く体を動かす。
④ みんなに配られた皿《さら》を集める。
⑤ 病をなおして、死《し》に打《う》ち勝つ。
⑥ この豆はとても味がよい。

2 ――の漢字の読み方を書きなさい。(1点×12)

① 黒板の漢字を苦心して写《うつ》す。
② 運送中の荷物《にもつ》が県道《けんどう》で落下する。
③ 習字の練習を根気よくする。
④ 悲鳴のような汽笛が鳴りひびく。
⑤ 王様用に作られた上等な服《ふく》。
⑥ 商店の住所《じゅうしょ》と電話番号を聞く。

3 ――の漢字の読み方を書きなさい。(2点×8)

① スープを温める。
② 友だちに代わって話す。
③ 重《おも》いつくえを二人で運ぶ。
④ ボールを受ける。
⑤ 体を反らす。
⑥ 主人《しゅじん》に仕える。
⑦ 木のなえを植える。
⑧ 秋になって、いねが実る。

4 ――の漢字の読み方を書きなさい。(1点×10)

① 写《しゃ》真を見ると、真ん中に写《うつ》っていた。
② 救《きゅう》助隊《たい》のおかげで助かる。
③ 調子の悪《わる》いところを調べる。
④ 制服《せいふく》を着て、しずかに着席《せき》する。
⑤ 水泳大会で速《はや》く泳げた。

上級レベル

4 漢字《かんじ》の読み (2)

時間	15分
合かく	40点
とく点	50点

勉強した日〔　月　日〕

1 ――の漢字《かんじ》の読み方を書きなさい。（1点×10）

① 落とさないように両方の手で持《も》って飲《の》みなさい。

② この町の三丁目には、古い医院や学校や農家がある。

③ 夏休みには、家族みんなで旅行して、高い山に登った。

④ 学級でのできごとを、日記帳に書くことにした。

2 ――の漢字の読み方を書きなさい。（1点×8）

① めずらしい植物が見られる場所。

② 九州でロケットの発射《はっしゃ》の秒読みが始《はじ》まる。

③ 詩集にきれいな表紙をつける。

④ 作品《さくひん》の主人公を身近に感《かん》じる。

3 つぎの漢字の音読みをすべて書きなさい。（1点×24）

① 豆
② 平
③ 重
④ 守
⑤ 定
⑥ 代
⑦ 板
⑧ 由
⑨ 世
⑩ 都
⑪ 物
⑫ 去

4 同じ読み方をするものを――でむすびなさい。（1点×8）

① 宮・　・投
② 陽・　・速
③ 動・　・勝
④ 薬・　・級
⑤ 等・　・役
⑥ 幸・　・童
⑦ 息・　・葉
⑧ 消・　・向

標準レベル

5 漢字《かんじ》の書《か》き(1)

時間 15分
合かく 40点
とく点 　　50点
勉強した日（　月　日）

1 つぎの言葉《ことば》を漢字《かんじ》で書きなさい。（1点×12）

① □《にが》い□《くすり》。
② □《は》っぱが□《お》ちる。
③ □《ゆび》で□《も》つ。
④ □《ふか》い□《みずうみ》。
⑤ □《ふく》を□《き》る。
⑥ □《はや》く□《うご》く。

2 つぎの言葉を漢字で書きなさい。（1点×12）

① □□《しごと》の□□《よてい》を立てる。
② □□《れっしゃ》で□□《くうこう》へ行く。
③ □□《やきゅう》の□□《とうしゅ》。
④ □□《どうわ》を読んでの□□《かんそう》。
⑤ □□《かいがん》の□□《しゃしん》。
⑥ □□《すいえい》の□□《れんしゅう》。

3 つぎの言葉を漢字で書きなさい。（1点×12）

① □《いそ》いで□□《しゅくだい》をする。
② □□《たいちょう》を□《ととの》える。
③ □□《へんじ》を□《ま》つ。
④ □□《じんじゃ》の□《まつ》り。
⑤ □《ひつじ》を□《そだ》てる。
⑥ □□《ふでばこ》が□《おも》い。

4 つぎの読み方にあてはまる漢字を、あとからえらんで書きなさい。（2点×7）

① かん □
② こん □
③ そう □
④ ゆう □
⑤ てき □
⑥ しょ □
⑦ ごう □

笛　根　館　守　港
暑　送　遊　号　題

上級 レベル 6 漢字《かんじ》の書き (1)

時間	合かく	とく点
15分	40点	/50点

勉強した日（　月　日）

1 つぎの言葉《ことば》を漢字《かんじ》で書きなさい。（1点×13）

① □《ぎん》色にかがやく□《なみ》。

② □《きゅう》な□《さか》を上る。

③ □《むかし》の□《みやこ》に□《す》む。

④ お□《さら》を□《くば》る。

⑤ 木の□《み》の□《かわ》をむく。

⑥ □《いた》をはった□《はしら》。

2 つぎの言葉を漢字で書きなさい。（1点×13）

① □□《せいぶつ》の□□《けんきゅう》。

② 新しい□《し》を□□《はっぴょう》する。

③ □□《べんきょう》をすます。

④ □□□《にゅうがくしき》が□《はじ》まる。

⑤ □□《りょうしん》と□□《そうだん》する。

⑥ □□《しょうぶ》が□《き》まる。

⑦ □□《とうよう》の国々を□□《りょこう》する。

3 つぎの二通りの読み方をする漢字を書きなさい。（2点×6）

① み・しん □

② しま・とう □

③ いのち・めい □

④ じ・ろ □

⑤ もの・しゃ □

⑥ や・おく □

4 つぎの読み方をする漢字をそれぞれ書きなさい。（1点×12）

① カイ　㋐ □放　㋑ 世□　㋒ 二□

② イ　㋐ □員　㋑ □院　㋒ □味

③ シュウ　㋐ □始　㋑ □字　㋒ □合

④ シ　㋐ □事　㋑ 生□　㋒ □科

7 漢字《かんじ》の書き (2)

1 20 40 60 80 100 GOAL 120(回)

時間 15分
合かく 40点
とく点 　 50点

勉強した日〔　月　日〕

1 つぎの文の中のあやまっている漢字《かんじ》を、正しく直しなさい。（1点×7）

① 日光で水がとける。
② 五分と三十砂かかった。
③ 魚を由であげる。
④ 日がしずみ、音くなる。
⑤ おばは愛知《あいち》具でくらしている。
⑥ 取《と》りちがえたかさを帰す。
⑦ 駅《えき》で友だちを持つ。

□ □ □ □ □ □ □

2 つぎの言葉《ことば》を漢字で書きなさい。（2点×12）

① □《よこ》□《ちょう》の□《さか》□《や》。
② □《じ》□《ゆう》に□《こう》□《どう》してよい。
③ □《か》□《ぞく》で□《と》□《ざん》をする。
④ □《どう》□《ろ》でさいふを□《ひろ》う。
⑤ □《どう》□《きゅう》生と□《ふえ》をふく。
⑥ □《のう》□《ぎょう》で使《つか》う□《どう》□《ぐ》。

3 ——の言葉を漢字で書きなさい。（2点×6）

① しなものを運《はこ》ぶ。
② てっぱんでやく。
③ なんちょうものとうふ。
④ そのつどたずねる。
⑤ じかいのお楽しみ。
⑥ ふくびき大会。

□ □ □ □ □ □

4 ——の言葉を漢字と送《おく》りがなで書きなさい。（1点×7）

① 係《かかり》が友だちにかわる。
② みじかい文を書く。
③ 父の仕事《しごと》をたすける。
④ たいらな道がつづく。
⑤ まったく知らない。
⑥ しあわせを感《かん》じる。
⑦ たき火がきえる。

□ □ □ □ □ □ □

上級レベル

8 漢字《かんじ》の書き (2)

1 20 40 60 80 100 120(回)

勉強した日〔　月　日〕

時間	合かく	とく点
15分	40点	/50点

1 反対《はんたい》の意味《いみ》や対《つい》になるように、漢字《かんじ》を書きなさい。(1点×10)

① □《か》ちと□《ま》け。

② □《い》きると□《し》ぬ。

③ □《あつ》さと□《さむ》さ。

④ □《やす》さと□《たか》さ。

⑤ □《おも》いと□《かる》い。

2 つぎの言葉《ことば》を漢字で書きなさい。(2点×10)

① □□《ちゅうもん》した□□《ようふく》。

② □□□《としょかん》で本を読む。

③ □□《びょういん》で□《ち》をとられる。

④ □《みなと》がある町の□《まつ》り。

⑤ □□《のうか》の□□□《はたけしごと》。

⑥ 地区《ちく》の□□《いいん》になる。

3 つぎの□にあてはまる言葉をあとからえらんで、漢字に直して書きなさい。(2点×6)

① □□へのいのり。

② □□であそぶ。

③ □□を合わせる。

④ □□をつける。

⑤ □□の光をあびる。

⑥ □□をたずねる。

りゅう　へいわ　ちょうし
たいよう　ゆうぐ　ちょうめん

4 ——の言葉を、漢字と送《おく》りがなで書きなさい。(2点×4)

① 会を<u>はじめる</u>。

② <u>かなしい</u>気持《きも》ち。

③ 料理《りょうり》を<u>あじわう</u>。

④ 指《ゆび》を<u>まげる</u>。

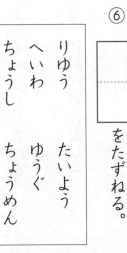

標準 レベル 9

言葉《ことば》の意味《いみ》(1)

時間	合かく	とく点
15分	40点	50点

勉強した日（　月　日）

1 ――の言葉《ことば》の意味《いみ》に合うものをあとからえらんで、記号《きごう》で答えなさい。（4点×4）

① まんまとだまされる。（　　）
ア とても短《みじか》い間に。
イ 少しためらいながら。
ウ ものの見事《みごと》に。

② うまくいかずに、もどかしい。（　　）
ア 悲《かな》しくて、つらく思う。
イ はがゆくて、いらいらする。
ウ おしくも負《ま》けて、ざんねんだ。

③ めざましい進歩《しんぽ》だ。（　　）
ア 目がさめるほどすばらしい。
イ おどろくほどわずかだ。
ウ 思っていたとおり速《はや》い。

④ 本物《ほんもの》さながらのできだ。（　　）
ア まぎらわしい。
イ にてもにつかない。
ウ ちょうど。まるで。

2 ――の言葉の使《つか》い方《かた》が正しいほうをえらんで、記号を○でかこみなさい。（4点×4）

①
ア いいことがつづくなんて、気のどくだ。
イ ひどい目にあって、気のどくだ。

②
ア きれいな字を書ける子がねたましい。
イ きれいな字を書けない子がねたましい。

③
ア ぼくは、かぜをひくことはめったにありません。
イ ぼくは、かぜをひくことはめったにあります。

④
ア おびただしい葉《は》が落《お》ちて、はくのにくろうした。
イ おびただしい葉が落ちて、はくのも楽だった。

3 つぎの意味に合う言葉をあとからえらんで、記号で答えなさい。（3点×6）

① 話し合うこと。（　　）
ア 発言《はつげん》　イ 相談《そうだん》　ウ 筆談《ひつだん》

② みち足りていること。（　　）
ア 真理《しんり》　イ 決心《けっしん》　ウ 幸福《こうふく》

③ しばられるものがないこと。（　　）
ア 自由《じゆう》　イ 意図《いと》　ウ 安全《あんぜん》

④ 考え出すこと。（　　）
ア 根気《こんき》　イ 感動《かんどう》　ウ 発想《はっそう》

⑤ きまったやり方。（　　）
ア 意味　イ 内部《ないぶ》　ウ 形式《けいしき》

⑥ 気をつけること。（　　）
ア 反発《はんぱつ》　イ 用心《ようじん》　ウ 用意《ようい》

上級レベル

10 言葉《ことば》の意味《いみ》(1)

時間	合かく	とく点
15分	40点	50点

勉強した日（　月　日）

1 つぎの（　）にあてはまる言葉《ことば》をあとからえらんで、記号《きごう》で答えなさい。(4点×4)

① 遠足の日に雨がふるなんて、何とも（　）天気だ。

ア まばらな　イ いまいましい　ウ もってこいの

② 姉は、つまらないことに（　）ところがある。

ア あふれる　イ とどろく　ウ こだわる

③ 弟は学校から帰ると、いつもおやつを（　）。

ア うかがう　イ せがむ　ウ 取《と》り返《かえ》す

④ とらのおりの前に来ると、思わず足が（　）。

ア さまたげる　イ すくむ　ウ うなだれる

2 つぎの文と同じ意味《いみ》を表《あらわ》すように、あてはまるひらがなを書きなさい。(3点×3)

① 一時《いっとき》も早く会いたいです。
→［　　　］会いたいです。

② 申《もう》し出《で》をしりぞける。
→申し出を［　　　　］。

③ 植物《しょくぶつ》についてはうとい。
→植物についてはよく［　　　　］。

3 ——の言葉の意味をあとからえらんで、記号で答えなさい。(3点×5)

① みにくいアヒルの子。（　）

② ひどいことをした子をなじる。（　）

③ あんなことを言うとは、うかつだった。（　）

④ 弱いところにつけこむ。（　）

⑤ なりゆきをあやぶむ。（　）

ア うまく利用《りよう》する。
イ うっかりしている様子《ようす》。
ウ 美《うつく》しくない。
エ 気がかりに思う。
オ よくない点をせめる。

4 つぎの言葉を使《つか》って、短《みじか》い文を作りなさい。（形をかえて使ってもよいこととします。〈れい〉まれ→まれな）(5点×2)

① いとわない

② まれ

標準レベル

11 言葉《ことば》の意味《いみ》(2)

1 20 40 60 80 100 120(回)

1 ――の言葉《ことば》とにた意味《いみ》の言葉をあとからえらんで、記号《きごう》で答えなさい。(4点×5)

① 姉はいちずにテニスに打《う》ちこんでいる。（　　）

② よく考えれば、おのずとわかるだろう。（　　）

③ なみだがとめどなく流《なが》れる。（　　）

④ あからさまに話してはいけない。（　　）

⑤ あぶなかったが、かろうじてまぬがれた。（　　）

ア やっとのことで
イ とまることなく
ウ ありのままに
エ ひたむきに
オ ひとりでに

2 ――の言葉と同じ意味で使《つか》われているものをあとからえらんで、記号で答えなさい。(5点×4)

① 先生のおたくにうかがう。（　　）
ア 父の様子《ようす》をうかがう。
イ 理由《りゆう》をくわしくうかがう。
ウ おじさんの家にうかがう。

② おどろいて目をみはる。（　　）
ア 敵《てき》のすがたを目でみはる。
イ 美《うつく》しさに目をみはる。
ウ 入り口の様子をみはる。

③ 人気が落《お》ちる。（　　）
ア はしごから落ちる。
イ よごれが落ちる。
ウ 視力《しりょく》が落ちる。

④ うたがいがとける。（　　）
ア 長年のなぞがとける。
イ なわがゆるんでとける。
ウ いかりがとける。

3 （　）にあてはまる言葉をあとからえらんで、記号で答えなさい。ただし、同じ言葉を二度《にど》使ってはいけません。(2点×5)

① とっくに終《お》わってもいいのに、（　　）おくれているようだ。

② 弟の顔が（　　）しているので、いいことがあったようだ。

③ 大ぜいが集《あつ》まっているようで、さっきから（　　）やっている。

④ もうすぐ運動会《うんどうかい》なので、思わず（　　）してくる。

⑤ 待《ま》っていてもちっとも来ないので、さっきから（　　）している。

ア わいわい
イ じりじり
ウ ずるずる
エ わくわく
オ にこにこ

時間 15分
合かく 40点
とく点 　／50点
勉強した日［　月　日］

言葉《ことば》の意味《いみ》(2)

時間	合かく	とく点
15分	40点	50点

勉強した日（　月　日）

1 つぎの言葉《ことば》の意味《いみ》として正しいものをあとからえらんで、記号《きごう》で答えなさい。(4点×5)

① すずなり（　　）
ア たくさんのものが横《よこ》にならんでいること。
イ たくさんのものがむらがってついていること。
ウ たくさんの人が一度《いちど》に話していること。

② 目当《めあ》て（　　）
ア 何かをするためにじゅんびするもの。
イ ねらいをつけているところ。
ウ いけないところを正すためにすること。

③ 立場（　　）
ア ものの見方や考え方のよりどころ。
イ 話し合いで取《と》り上《あ》げることがら。
ウ 物事《ものごと》を感《かん》じ取る力。

④ とまどい（　　）
ア 自分ののぞみどおりに物事が進《すす》むようねがうこと。
イ どうしたらよいのかわからなくて、まごまごしてしまうこと。
ウ 考えていなかったことが起《お》きて、不《ふ》安《あん》になること。

⑤ ささやく（　　）
ア ひくい声でゆっくり話す。
イ 大きな声ではっきりと話す。
ウ 小さな声でひそひそ話す。

2 ――の言葉の意味としてあてはまるものをあとからえらんで、記号で答えなさい。(4点×5)

① 正直でいることがかんじんだ。……（　　）
② しろうとのように見えて、たよりない。……（　　）
③ そのほうがあんばいがいいようだ。……（　　）
④ 事件《じけん》の真相《しんそう》をつきとめる。……（　　）
⑤ 聞いた話のあらすじをざっと伝《つた》える。……（　　）

ア 本当のすがた。
イ だいたいのすじみち。
ウ ぐあいや、調子《ちょうし》。
エ 物事になれていない人。
オ いちばん大切なこと。

3 つぎの言葉を使《つか》って、短《みじか》い文を作りなさい。(形をかえて使ってもよいこととします。〈れい〉てこずる→てこずり)(5点×2)

① てこずる

② かがむ

かなづかい・送《おく》りがな (1)

時間	15分
合かく	40点
とく点	/50点

勉強した日（　月　日）

1 かなづかいの正しいほうに○をつけなさい。（1点×4）

① かさ｛（　）を／（　）お｝さして行く。

② おね｛（　）い／（　）え｝さんと遊《あそ》ぶ。

③ 公園｛（　）へ／（　）え｝向《む》かう。

④ こんばん｛（　）は／（　）わ｝と言う。

2 つぎの言葉《ことば》には、かなづかいのまちがいがあります。正しく直しなさい。（2点×10）

① おうきい（　　）

② はなじ（　　）

③ おうい（　　）

④ ちづ（　　）

⑤ みかずき（　　）

⑥ ぢめん（　　）

⑦ こうり（　　）

⑧ きのお（　　）

⑨ むづかしい（　　）

⑩ つずき（　　）

3 つぎの文のかなづかいがまちがっている言葉に——を引いて、正しく直しなさい。（4点）

大すきなおばあさんからこずつみがとどいたので、よろこんで見たら、中にはかんづめがたくさん入っていました。

（　　）

4 送《おく》りがなの正しいほうに○をつけなさい。（2点×5）

① 言ったことを｛（　）守もる／（　）守る｝。

② ｛（　）明るい／（　）明かるい｝光がさす。

③ ｛（　）少くない／（　）少ない｝おこづかい。

④ 帰りを｛（　）急ぐ／（　）急そぐ｝。

⑤ ｛（　）温かい／（　）温たかい｝料理《りょうり》。

5 つぎの言葉を漢字《かんじ》と送りがなで書きなさい。（2点×6）

① あじわう（　　）

② しらべる（　　）

③ うつくしい（　　）

④ もちいる（　　）

⑤ あつめる（　　）

⑥ みじかい（　　）

上級レベル

14 かなづかい・送《おく》りがな (1)

時間 15分
合かく 40点
とく点　　　／50点
勉強した日（　月　日）

1 かなづかいの正しいほうに○をつけなさい。（2点×6）

① （　）きのう／（　）きのお は雨がふった。

② （　）ていねえ／（　）ていねい に話しましょう。

③ （　）おおかみ／（　）おうかみ の話。

④ （　）おうさま／（　）おおさま の毛《け》皮《がわ》の服《ふく》。

⑤ （　）おとおさん／（　）おとうさん と話す。

⑥ （　）とおい／（　）とうい 外国。

2 （　）に「ず」か「づ」を書きなさい。（2点×5）

① し（　）かに本を読む。

② 大雨でがけがく（　）れる。

③ 文章《ぶんしょう》をつ（　）る。

④ ま（　）しいが、幸福《こうふく》な家庭《かてい》。

⑤ は（　）かしい思いをする。

3 （　）に「じ」か「ぢ」を書きなさい。（2点×5）

① おじさんにお（　）ぎする。

② ち（　）れたかみの毛。

③ そこ（　）からを見せる。

④ ノートをそっと（　）る。

⑤ （　）しんにそなえる。

4 つぎの文の――を漢字《かんじ》と送《おく》りがなで書きなさい。（2点×6）

① かんがえを言う。（　　）

② 月なかばになる。（　　）

③ プールでおよぐ。（　　）

④ 国語をおしえる。（　　）

⑤ 息《いき》がくるしい。（　　）

⑥ あたらしい車。（　　）

5 送りがなが正しいものをえらんで、記号《きごう》で答えなさい。（2点×3）

① 平　ア 平らたい　イ 平い　ウ 平たい　（　　）

② 幸　ア 幸わい　イ 幸い　ウ 幸いわい　（　　）

③ 全　ア 全ったく　イ 全く　ウ 全たく　（　　）

標準レベル

15 かなづかい・送《おく》りがな (2)

時間 15分
合かく 40点
とく点 ／50点
勉強した日（ 月 日）

1 つぎの漢字《かんじ》の読みがなをひらがなで書きなさい。（2点×7）

① 運動（ ）
② 三日月（ ）
③ 王様（ ）
④ 知人（ ）
⑤ 大雨（ ）
⑥ 遠出（ ）
⑦ 太陽（ ）

2 つぎの文のかなづかいがまちがっている言葉《ことば》の横《よこ》に——を引いて、（ ）に正しく直しなさい。（2点×4）

① 先生と校門の前で会ったので、「こんにちわ。」とあいさつしました。先生も、えがおでこたえてくれました。（ ）

② 秋も深《ふか》まってきたようで、夜おそくなると、とてもしづかになります。こおろぎがやさしい音を出して、鳴いています。（ ）

③ すねてないている女の子がいました。その様子《ようす》がかわいそうで、見ていたら、わたしもいぢらしく思えてきて、たまらなくなりました。（ ）

④ 弟は、おまんじゅうが大すきです。この前も、テーブルの上においてあったいくつかをわしずかみにして、走って行きました。（ ）

3 〈れい〉にならって、つぎの漢字の訓読《くん》みを送《おく》りがなをつけて書きなさい。（1点×16）

〈れい〉古 ふる（い）

① 悪 □（ ）
② 深 □（ ）
③ 遊 □（ ）
④ 投 □（ ）
⑤ 申 □（ ）
⑥ 仕 □（ ）
⑦ 悲 □（ ）
⑧ 流 □（ ）

4 つぎの文の——を漢字と送りがなで書きなさい。（2点×6）

① ひとしい長さ。（ ）
② 戦《たたか》いにまける。（ ）
③ 小鳥をはなす。（ ）
④ 山にのぼる。（ ）
⑤ りんごがみのる。（ ）
⑥ まどをあける。（ ）

上級レベル

16 かなづかい・送《おく》りがな (2)

時間 15分
合かく 40点
とく点 /50点
勉強した日〔　月　日〕

1 つぎの文章《ぶんしょう》には、かなづかいと送《おく》りがなのあやまりが一つずつあります。それらを見つけて――を引き、正しく直しなさい。（4点×8）

① 表通おりでは、工事が長い間つづいていました。おうきな音がずっとしていましたが、このごろやっとしずかになりました。

かなづかい……（　　）（　　）
送りがな……（　　）（　　）

② 兄はサッカーが大すきで、毎日練習《れんしゅう》に行きます。暑つい日も、寒い日も、へこたれません。ぼくは、そんな兄さんをおおえんしています。

かなづかい……（　　）（　　）
送りがな……（　　）（　　）

③ 買ったばかりの洋服《ようふく》がちじんでしまったので、着られなくなりました。しかたがないので、短じかくなった洋服を妹にあげました。

かなづかい……（　　）（　　）
送りがな……（　　）（　　）

④ 細まかな雪がたくさんふりました。とうさんがむづかしい顔をしていたので、理由《りゆう》を聞くと、車が動かないんだよと言いました。

かなづかい……（　　）（　　）
送りがな……（　　）（　　）

2 あとの言葉《ことば》につづくように、（　）に送りがなを書きなさい。（1点×10）

① 整

整（　）ない
整（　）ます
整（　）た
整う
整（　）ば
整（　）〈命令《めいれい》の形〉

② 曲

曲（　）ない
曲（　）ます
曲（　）た
曲げる
曲（　）ば
曲（　）〈命令の形〉

3 つぎの文の――を漢字《かんじ》と送りがなで書きなさい。（2点×4）

① 庭《にわ》でそだったニンジンを入れた、あたたかいスープができました。

（　　）（　　）
（　　）（　　）

② 心配《しんぱい》していたことがなくなったら、心がかるくなって、しあわせな気分になれました。

（　　）（　　）
（　　）（　　）

同じ意味・反対《はんたい》の意味の言葉 (1)

時間 15分
合かく 40点
とく点　　　50点
勉強した日〔　月　日〕

1 にた意味《いみ》の言葉《ことば》をあとからえらんで、記《き》号《ごう》で答えなさい。(2点×5)

① 名手　（　　）
② 用具《ようぐ》　（　　）
③ 終生《しゅうせい》　（　　）
④ 晴天　（　　）
⑤ 目星　（　　）

ア 見当《けんとう》　イ 青空　ウ 道具　エ 名人　オ 一生

2 にた意味の言葉をあとからえらんで、漢《かん》字《じ》に直して書きなさい。(3点×6)

① ふぼ　（　　）
② しゅっせ　（　　）
③ てかず　（　　）
④ こうへい　（　　）
⑤ そらいろ　（　　）
⑥ けっしん　（　　）

けつい　みずいろ　びょうどう　りょうしん　りっしん　てま

3 反対《はんたい》の意味や対《つい》になる言葉をあとからえらんで、記号で答えなさい。(2点×5)

① 前　（　　）
② 北　（　　）
③ 兄　（　　）
④ 朝　（　　）
⑤ 小　（　　）

ア 夜　イ 弟　ウ 後　エ 大　オ 南

4 反対の意味や対になる言葉をあとからえらんで、漢字に直して書きなさい。(2点×6)

① しょうねん　（　　）
② ちょくせん　（　　）
③ とうこう　（　　）
④ きゅうじつ　（　　）
⑤ りったい　（　　）
⑥ わふく　（　　）

げこう　へいめん　へいじつ　しょうじょ　ようふく　きょくせん

上級 レベル 18

同じ意味・反対《はんたい》の意味の言葉（1）

時間	合かく	とく点
15分	40点	/50点

勉強した日（　月　日）

1 ―の言葉《ことば》とにた意味《いみ》の言葉を漢字《かんじ》で書きなさい。（2点×6）

① たくさんの学科を学ぶ。（　）

② 長所をみとめて、見《み》習《なら》う。（　）

③ 一気に進《すす》めてしまいましょう。（　）

④ 死力をつくして、たたかう。（　）

⑤ 大事なことを話し合う。（　）

⑥ まちがった方角に進む。（　）

2 ―の言葉と言いかえることができる言葉をあとからえらんで、記号《きごう》で答えなさい。（2点×5）

① 広い土地に家がたちました。（　）

② 相談《そうだん》したら、わたしの意見に同意してくれました。（　）

③ 公園の中央にはお店があります。（　）

④ 古い宿屋を見つけて、とまりました。（　）

⑤ 有名な人が書いた本を読みました。（　）

ア じしょ　イ ちゅうしん　ウ りょかん　エ こうめい　オ どうちょう

3 つぎの言葉と反対《はんたい》の意味の言葉を書きなさい。（2点×8）

① 遠い（　）

② 速い（　）

③ せまい（　）

④ 長い（　）

⑤ あさい（　）

⑥ 安い（　）

⑦ 明るい（　）

⑧ 古い（　）

4 反対の意味の言葉を□に書いて、二字の熟語《じゅくご》を作りなさい。（1点×6）

〈れい〉 売買

① 強□　② 自□　③ 黒□

④ 出□　⑤ 上□　⑥ 天□

5 ―の言葉と反対の意味の言葉を□に書きなさい。（2点×3）

① 山を登《のぼ》ったり□する。

② うらがわではなく、□に書いてください。

③ 勝《か》つチームもあれば、□チームもある。

標準レベル 19

同じ意味・反対《はんたい》の意味の言葉 (2)

時間	合かく	とく点
15分	40点	／50点

勉強した日〔　月　日〕

1 にた意味《いみ》の言葉《ことば》をあとからえらんで、記《き》号《ごう》で答えなさい。（2点×5）

① 一族《いちぞく》　（　）
ア 一枝《ひとえだ》　イ 家族
ウ 家庭《かてい》　エ 一門

② 発育《はついく》　（　）
ア 立身《りっしん》　イ 発進《はっしん》
ウ 成長《せいちょう》　エ 教育

③ 夕日　（　）
ア 落下《らっか》　イ 落葉《らくよう》
ウ 夕方　エ 落日

④ 同感《どうかん》　（　）
ア 感想《かんそう》　イ 同心
ウ 意見　エ 童心《どうしん》

⑤ 体面《たいめん》　（　）
ア 体調《たいちょう》　イ 面目《めんぼく》
ウ 信心《しんじん》　エ 体育

2 つぎの言葉とにた意味の言葉をあとからえらんで、記号で答えなさい。（2点×4）

① そらぞらしい……（　）
② うしろめたい……（　）
③ めぼしい……（　）
④ ささいな……（　）

ア うしろぐらい
イ 値打《ねう》ちがある
ウ わざとらしい
エ とるにたらない

3 反対《はんたい》の意味や対《つい》になるように、□にあてはまる言葉をあとからえらんで、記号で答えなさい。（2点×6）

① 自転―□転　（　）
② 閉会《へいかい》―□会　（　）
③ 全体―□分　（　）
④ 秋分―□分　（　）
⑤ 起立―□席《せき》　（　）
⑥ 大作―□品　（　）

ア 着　イ 開
ウ 公　エ 春
オ 小　カ 部

4 つぎの言葉と反対の意味の言葉を書きなさい。（2点×4）

① 下車 □
② 赤字 □
③ 右記 □
④ 内部 □

5 反対の意味や対になる言葉をあとからえらんで、漢字に直して書きなさい。（2点×6）

① 寒（　）　② 和（　）
③ 生（　）　④ 送（　）
⑤ （　）始　⑥ （　）負

じゅ　しょ　しゅう
し　しょう　よう

上級レベル **20**

同じ意味・反対《はんたい》の意味の言葉（2）

勉強した日（　月　日）
時間 15分
合かく 40点
とく点 　　/50点

1 つぎの□に同じ漢字《かんじ》をあてはめて、にた意味《いみ》の言葉《ことば》を作りなさい。（2点×5）

① 起□・着□　（　）
② □有・□持　（　）
③ 宿□・使□　（　）
④ □会・□市　（　）
⑤ □心・□央　（　）

2 ――の言葉とにた意味の言葉をあとからえらんで、漢字に直して書きなさい。（2点×5）

① 家族《かぞく》の様子《ようす》を手紙で伝《つた》えました。
② めずらしい作品《さくひん》が発表されました。
③ これでもう安全ですね。
④ 文章《ぶんしょう》の意味に注目する。
⑤ それは本来はわたしのものだ。

こうかい	しょめん	あんしん
ちゃくもく	がんらい	

3 反対《はんたい》の意味や対《つい》になるように、あとの漢字を組み合わせて、二字の言葉を作りなさい。（2点×6）

① 多数
② 下山
③ 同調
④ 先方
⑤ 入荷
⑥ 短所

反	長	少	出	登	荷
所	発	方	数	当	山

4 反対の意味の言葉を書きなさい。（2点×9）

① のばす（　）
② つかまえる（　）
③ はる（　）
④ わかす（　）
⑤ かためる（　）
⑥ おす（　）
⑦ しりぞく（　）
⑧ 守《まも》る（　）
⑨ むかえる（　）

21 最上級レベル 1

時間 15分
合かく 40点
とく点 　　／50点
勉強した日〔　月　日〕

1 ――の漢字《かんじ》の読み方を書きなさい。（1点×12）

① 寒い外にいたら、鼻水が出ました。（　）（　）
② 薬局に行って、かぜの薬を買った。（　）（　）
③ 神様と女の子が出てくる童話。（　）（　）
④ 家族みんなで幸福にくらす。（　）（　）
⑤ 歯がいたいので、歯科医院に行く。（　）（　）
⑥ 宿屋でそこの主人と親しく話す。（　）（　）（　）

2 つぎの言葉《ことば》を漢字で書きなさい。（1点×12）

① □《かじ》を□《け》す隊員《たいいん》たち。
② □《ちゅうい》して□《さか》を上る。
③ □《たいよう》が照《て》りつける□《あつ》い日。
④ □《かんそう》を□《ちょうめん》に書く。
⑤ □《ちきゅう》の□《じゅうりょく》。
⑥ □《よてい》どおりに□《えき》に着《つ》く。

3 ――の言葉の意味《いみ》としてよいものをあとからえらんで、記号《きごう》で答えなさい。（3点×4）

① 安《やす》いものに目ざとい。（　）
ア よくまよいやすい。
イ 見つけるのが早い。
ウ しんけんな目になる。

② 父の顔がけわしい。（　）
ア おだやかで、やさしい。
イ きつくて、とげとげしい。
ウ ねむそうで、おとなしい。

③ 話がそらぞらしい。（　）
ア いかにもわざとらしい。
イ まことにたのもしい。
ウ なんだかうたがわしい。

④ ひたむきにがんばる。（　）
ア ゆったりとかまえて。
イ とっさにごまかして。
ウ いちずに熱中《ねっちゅう》して。

4 つぎの言葉のかなづかいを正しく直しなさい。（2点×7）

① おうかみ（　）
② おおじさま（　）
③ ぢまん（　）
④ ちじむ（　）
⑤ みづうみ（　）
⑥ つずき（　）
⑦ こうり（氷）（　）

22 最上級レベル ②

時間 15分　合かく 40点　とく点 /50点

勉強した日（　月　日）

1 ――の漢字《かんじ》の読み方を書きなさい。（1点×13）

① クラスの委員として苦心する。
（　　）（　　）

② 人の命をあずかる病院。
（　　）（　　）

③ 公園の遊具に乗《の》って遊ぶ。
（　　）（　　）

④ 湖で友だちと泳ぐ。
（　　）（　　）

⑤ 自転車で広い花畑の道を走る。
（　　）（　　）

⑥ 送られてきた洋酒が家に着く。
（　　）（　　）（　　）

2 つぎの言葉《ことば》を漢字で書きなさい。（1点×13）

① □《なみ》が□□《かいがん》にうちよせる。

② □□《にかい》に□《きゃく》が□《あつ》まる。

③ □□《しゅうじ》で使《つか》う□《ふで》。

④ □□《しょうわ》という□□《じだい》。

⑤ とても□《はや》い□□《れっしゃ》。

⑥ □□《とうしゅ》と□□《だしゃ》。

3 送《おく》りがなの正しいほうに○をつけなさい。（2点×5）

① おかしをみんなに｛（　）配る／（　）配ばる｝。

② ｛（　）暗らい／（　）暗い｝森の中。

③ 話を｛（　）終える／（　）終る｝。

④ 木の葉が｛（　）流がれる／（　）流れる｝。

⑤ ｛（　）等しい／（　）等としい｝数字。

4 反対《はんたい》の意味《いみ》や対《つい》になるように、あてはまる漢字を書きなさい。（2点×7）

〈れい〉和食　洋食

① 自国　□□

② 晴天　□□

③ 遠洋《えんよう》　□□

④ 安心《あんしん》　□□

⑤ 暑中《しょちゅう》　□□

⑥ 悪文《あくぶん》　□□

⑦ 空間　□□

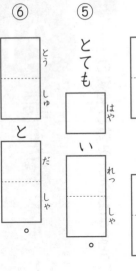

こそあど言葉《ことば》（1）

時間 15分　合かく 40点　とく点 ／50点

勉強した日【　月　日】

1 指《さ》しめす言葉《ことば》として正しいものをえらんで、○でかこみなさい。（3点×4）

① いいペンを持《も》ってますね。わたしに｛あれ・それ・ここ｝をかしてね。

② お茶を入れましたよ。さあ、｛ここ・これ・どれ｝に来て、飲《の》んでください。

③ 歌がうまいんですね。なかなか｛これ・あの・ああ｝は歌えないよ。

④ 大きい図書館《としょかん》だなあ。｛ここ・それ・その｝にはよく来ますか。

2 ——の言葉が指している言葉を書きなさい。（2点×5）

① これはカメラです。それはとても大切です。（　　）

② 音が聞こえてきました。あれは何かな。（　　）

③ 皿《さら》がたくさんありますね。これらは何に使《つか》うのですか。（　　）

④ 男の子が立ってますね。あれはだれですか。（　　）

⑤ 公園が見えた。あそこで休もう。（　　）

3 ——の言葉が指している言葉を、それぞれ決《き》められた字数で書きなさい。（4点×7）

① ここに本があります。それは童話《どうわ》です。（一字）

② ここが父のへやです。どうぞこちらへ。（四字）

③ あなたの家はどこですか。そこまでは遠いですか。（五字）

④ あなたは美しい心をもっていますね。それを大切にしてくださいね。（四字）

⑤ とてもきれいな字です。わたしもそんな字を書いてみたいです。（八字）

⑥ 開会式《かいかいしき》が始《はじ》まる時間はいつですか。だれかそれを知りませんか。（九字）

⑦ テニスをしている男の子がいますね。あれはだれでしょう。（十一字）

こそあど言葉《ことば》（1）

時間 15分
合かく 40点
とく点 　　50点

勉強した日（　月　日）

1 つぎの（　）にあてはまる言葉《ことば》を、それぞれ書きなさい。（3点×6）

① これ―（　　）―あれ―どれ

② この―その―（　　）―どの

③ （　　）―そこ―あそこ―どこ

④ こちら―そちら―あちら―（　　）

⑤ こっち―そっち―（　　）―どっち

⑥ こんな―（　　）―あんな―どんな

2 つぎの文章《ぶんしょう》の――が指《さ》している言葉を、□でかこみなさい。ただし、かざり言葉もふくみ、もっとも長くかこむこととします。（5点×4）

① わたしはじょうずに泳《およ》ぐことができませんでした。でも、それも、練習《れんしゅう》さえすればできるようになるだろうと思い、始《はじ》めることにしました。

② まんがばかり読んでいてはいけませんと、かあさんはわたしによく言います。それはまるでかあさんの口ぐせみたいです。

③ おいもをうすく切って、こんがりとやいたものを、かあさんはよく作ってくれます。わたしはかあさんが作るそれが大すきです。

④ これはむずかしいかもしれませんが、大きくなったら、アメリカでくらすことがわたしのゆめです。

⑤ 大ぜいの人が集《あつ》まって、土をほり返《かえ》したり、砂《すな》を持《も》って来たりしている様子《ようす》をわたしは見ていました。それを見て、なぜそんなことをしているのかと思ったら、新しい花だんを作っていたのです。

3 つぎの文章の――が指している内ようを、それぞれできるだけ長く書きなさい。（4点×3）

① かあさんは毎日料理《りょうり》を作ってくれます。それはいつもおいしくて、わたしはとても楽しみです。

（　　　　）

② ほかの人のことをかんたんにせめるのは、まちがっていると思います。でも、わたしは、きのうそれをわすれてしまい、なかのいい子をせめてしまいました。

（　　　　）

③ きのうは家の近くの川へ行きました。いつも鳥がたくさんいます。そこはわたしがいちばんすきな場所《ばしょ》で、いつも気持《きも》ちがよくなります。

（　　　　）

標準レベル

25 詩《し》(1)

時間 20分
合かく 40点
とく点 　　50点

勉強した日（　月　日）

1 つぎの詩《し》を読んで、あとの問《と》いに答えなさい。

あめのひ
せんせいにあった
糸井《いとい》 重里《しげさと》

せんせいに みちで あった
せんせいは ともだちと いっしょに
わらっていた
ともだちの かたのところを
ぶったりしながら
ずっと わらっていた

せんせいは わたしに きづかないで
しんごうの かわるのを まっていた
せんせいの かさは ピンクだった
わたしは かさで かおをかくして
すれちがった
せんせいも ともだちが いるんだね

(1)「わたし」が「せんせい」に会ったのは、どんな日でしたか。(5点)

(2)「せんせい」は、だれといっしょにいましたか。(5点)

(3)「せんせい」は、どんな様子《ようす》でしたか。つぎからえらんで、記号《きごう》で答えなさい。(5点)
ア 楽しそうなふりをしている様子。
イ たいへん楽しそうな様子。
ウ 決《けっ》して楽しくはない様子。
（　　）

(4)「せんせい」の様子がもっともよく表《あらわ》れているところを、はじめのまとまり(連《れん》)からぬき出しなさい。(10点)
（　　）

(5)「せんせい」の気持《きも》ちをよく表している、色を表す言葉《ことば》をぬき出しなさい。(5点)

(6)二つめのまとまり(連)に「かさで かおをかくして」とありますが、「わたし」はなぜそうしたのですか。(10点)
（　　）

(7)(6)のときの「わたし」の気持ちをつぎからえらんで、記号で答えなさい。(5点)
ア うれしくてたまらない気持ち。
イ びくびくして、こわがる気持ち。
ウ つらくて、さびしい気持ち。
（　　）

(8)この詩で、「せんせい」に対《たい》する「わたし」の気持ちがよく表れているところを、一行でぬき出しなさい。(5点)
（　　）

詩《し》（1）

1 つぎの詩《し》を読んで、あとの問《と》いに答えなさい。

山

原《はら》　国子《くにこ》

うれしいときは
山をみる
どっしり　すわった
山をみる
〝しっかりやれよ〟と
いうように
山はだまって
ぼくをみる

かなしいときも
山をみる
どっしり　すわった
山をみる
〝だいじょうぶだよ〟と
いうように
山はだまって
ぼくをみる

(1)「ぼく」は、どんなときに山をみると言っていますか。二つぬき出しなさい。（5点×2）

（　　　　）

（　　　　）

(2) 山はどんな様子《ようす》でいますか。二つ書きなさい。（5点×2）

（　　　　）

（　　　　）

(3) 山が言っているように聞こえる言葉《ことば》を、二つぬき出しなさい。（5点×2）

（　　　　）

（　　　　）

(4)「ぼく」が山をみるのは、なぜですか。つぎからえらんで、記号《きごう》で答えなさい。（10点）

ア 山をみると、友だちと向《む》き合《あ》っているような、はげましや親しみを感《かん》じることができるから。

イ 山をみると、いやな気分がなくなるとともに、とてもさわやかな気持《きも》ちになれるから。

ウ 山をみると、山についてのいろいろなことについて、よく学ぶことができるから。

（　　　　）

(5) この詩にあてはまるものをつぎからえらんで、記号で答えなさい。（10点）

ア 山を動物《どうぶつ》のようにえがいており、おそろしい気持ちにおそわれることを書いている。

イ 山を自分であるかのようにえがいており、悲《かな》しい気持ちをこめながら書いている。

ウ 山を人間のようにえがいており、それが大すきだという気持ちをこめて書いている。

（　　　　）

時間	合かく	とく点
20分	40点	/50点

勉強した日（　月　日）

標準レベル

27 詩《し》(2)

時間 20分　合かく 40点　とく点 ／50点

勉強した日〔　月　日〕

1 つぎの詩《し》を読んで、あとの問《と》いに答えなさい。

ふしぎ　　金子《かねこ》　みすゞ（ず）

わたしはふしぎでたまらない、
黒い雲からふる雨が、
銀《ぎん》にひかっていることが。

わたしはふしぎでたまらない、
青いくわの葉《は》たべている、
かいこが白くなることが。

わたしはふしぎでたまらない、
*たれもいじらぬ夕顔が、
ひとりでぱらりと開《ひら》くのが。

わたしはふしぎでたまらない、
たれにきいてもわらってて、
あたりまえだ、ということが。

*たれ…「だれ」の古い言い方。

(1) この詩には、くり返《かえ》されている言葉《ことば》があります。それを一行でぬき出しなさい。（8点）

(2) 詩の中に、あざやかな色を表《あらわ》す言葉が四つあります。それぞれ二字以内《いない》でぬき出しなさい。（3点×4）

(3) 作者《さくしゃ》が自然《しぜん》にあるものについてふしぎだといっていることのれいを、三つ書きなさい。（3点×4）

(4) この詩で、作者がいちばんふしぎだといっているのは、どんなことですか。（10点）

(5) この詩は、どんなことをうったえかけていますか。つぎからえらんで、記号《きごう》で答えなさい。（8点）

ア 当たり前に思われることにも感動《かんどう》できる、じゅんすいな心をもってほしいということ。

イ 当たり前に見えることでも深《ふか》く研究《けんきゅう》すれば、ふしぎなことが見えてくるということ。

ウ 当たり前のことだと決《き》めつける前に、本当かどうかうたがってほしいということ。

1 つぎの詩《し》を読んで、あとの問《と》いに答えなさい。

水をおもう　　三井《みつい》　ふたばこ

川はおしゃれをしたいので
みどりの髪《かみ》をとかします
川はきれいなゆびさきで
花びら集《あつ》めてかざります

川はわらって頰《ほお》をよせ
明るいコーラス歌います
川ははしゃぐとふりむいて
だれかをじっとみつめます

けれど静《しず》かな夜くると
川はしくしく泣《な》いてます

(1) この詩は何について書いていますか。あてはまる言葉《ことば》を書きなさい。(5点)

□について。

(2)「みどりの髪をとかします」とは、どんな様子《ようす》を表《あらわ》していますか。つぎからえらんで、記号《きごう》で答えなさい。(10点)

ア 川が、たくさんのものをうかべて、流《なが》れている様子。
イ 川が、みどりの水をたたえて、よどんでいる様子。
ウ 川が、みどりの草をなびかせながら流《なが》れている様子。

（　　）

(3)「花びら集めてかざります」とは、どんな様子を表していますか。つぎからえらんで、記号で答えなさい。(10点)

ア 川の底《そこ》に花びらがしずんでいる様子。
イ 川の水面《すいめん》を花びらが流れている様子。
ウ 川のまわりに花がさいている様子。

（　　）

(4)「川はわらって頰をよせ」とは、どんな様子を表していますか。つぎからえらんで、記号で答えなさい。(10点)

ア 何本かの川が、音を立てて、はげしくまざり合う様子。
イ 深《ふか》い川が、急《きゅう》に低《ひく》い方へ向《む》かって、下っている様子。
ウ ゆたかな川の水が、波立《なみだ》ちながら、より合っている様子。

（　　）

(5)「だれかをじっとみつめます」とは、どんな様子を表していますか。つぎからえらんで、記号で答えなさい。(10点)

ア 川の流れが急に止まってしまった様子。
イ 川の流れがしだいに速《はや》まっている様子。
ウ 川がそこだけあさくなっている様子。

（　　）

(6)「川はしくしく泣いてます」とは、どんな様子を表していますか。あてはまる言葉を書きなさい。(5点)

川のしずかな□が聞こえる様子。

勉強した日（　月　日）

時間	合かく	とく点
20分	40点	50点

物《もの》語《がたり》(1)

時間 20分　合かく 40点　とく点 ／50点　勉強した日（　月　日）

1 つぎの文章《ぶんしょう》を読んで、あとの問《と》いに答えなさい。

［「シッポ」は、「おかまさま」という名の神《かみ》さまと出会いました。］

ぶつかるっ、と思ったのに、ぼくは、ぐいっ、となにかに引かれたように横向《よこむ》きになって転《ころ》がり、ぱっと手をついて起《お》き上《あ》がっていた。ボールは耳の横をかすめてバレーコートのほうに飛《と》んで行った。

頭の後ろがぐわんとあつい。

なにがどうなっているのか自分ではわからなくて、ぼうっと立っていた。どうしてボールをよけられたんだろ？

「わりぃ、わりぃ、へっへっへっ。」

板橋《いたばし》が走りよってきた。もしかしたら、ううん、きっとぼくをねらってけったんだ。

「シッポ、①うまくよけたじゃん。まともにぶつかるかと思ったのによ。」

「②う、うん。」

「ホレ、助《たす》ケテヤッタベ。」

耳もとでかすかな声がした。

③おかまさまがかみの毛をひっぱって、助けてくれたのか。夢《ゆめ》じゃなかったんだ。じじむさいへんな神さまだけど、おかまさまはやっぱりぼくをまもってくれているらしい。

そのとき、ぼくはおかまさまのことは夢じゃないって、ほんとうにはっきりとわかったんだ。

（土屋《つちや》美智子《みちこ》「たすけて！　おかまさま」）

---

(1) この文章は、どんな場面《ばめん》を表《あらわ》していますか。あてはまる言葉《ことば》を書きなさい。（6点×2）

［　　　］にぶつかりそうになった「シッポ」を、［　　　　　］が助けた場面。

(2) 「①うまくよけたじゃん」とありますが、板橋は、「シッポ」のどんな動作を見て言っていますか。（10点）

（　　　　　　　　）

(3) 「②う、うん」と「シッポ」が口ごもったのは、どんなことを思っていたからですか。つぎからよいものを二つえらんで、記号《きごう》で答えなさい。（7点×2）

ア 頭の後ろがあついのは、なぜだろう。

イ どうしてボールをよけることができたのだろう。

ウ 板橋が、自分をねらってボールをけったにちがいない。

エ 「おかまさま」が助けてくれたにちがいない。

（　）（　）

(4) 「③おかまさま」は、どんな神さまですか。二つ書きなさい。（7点×2）

（　　　　　　　　）

（　　　　　　　　）

1 つぎの文章《ぶんしょう》を読んで、あとの問《と》いに答えなさい。

子供《こども》たちは、スーパーの裏《うら》に遊《あそ》び場《ば》になる建物《たてもの》を見つけました。


「きのうの夕方、見つけたんだ」

なかまをふりむいて、勉《つとむ》がいった。

「入り口が少しあいていたので、もぐりこんでみたんだ。どうだい、すてきだろう。ほら、二階《にかい》もあるんだ」

見上げると、蔵《くら》の右はしに、一段《いちだん》と高くなったところがあり、小さなまどごしに、にぶい日の光がさしこんでいた。蔵の中がうす明るいのは、その光のせいだった。二階には、木のはしごが立てかけてあった。

「二階に上がるぞ」

箱《はこ》の山のあいだを通りぬけ、勉につづいて卓司《たくじ》と鉄男《てつお》もはしごを登《のぼ》った。

二階といっても、広さは三畳間《さんじょうま》くらいしかなかったが、古いマットレスが二枚《にまい》積み重《かさ》ねてあった。

「これはいいや」

鉄男はマットの上にとび乗《の》り、二度《にど》三度《さんど》はねてみた。スプリングがよくきいている。

「まるで、ホテルみたいじゃん」

卓司が目を細めると、

「昼寝《ひるね》もできるぜ」

勉はマットの上にねころんで目をつむり、ねたふりをした。


（砂田《すなだ》　弘《ひろし》「街《まち》はジャングル」）

(1) この場面《ばめん》に出てくる人物《じんぶつ》の名前を全部《ぜんぶ》書きなさい。（9点）

（　　　　）

(2) 子供たちが見つけたのは、どんな場所《ばしょ》でしたか。あてはまる言葉《ことば》を三つ書きなさい。（3点×3）

・□□がある。
・□□□□□□がさす。
・□□□□□□□がおいてある。

(3) 箱がたくさんつんである様子《ようす》をたとえている言葉《ことば》を、文章中から三字でぬき出しなさい。（10点）

□□□

(4) ひとりの子供は、この場所のことを何にたとえていますか。三字で書きなさい。（10点）

□□□

(5) この文章の場面の様子としてあてはまるものをつぎからえらんで、記号《きごう》で答えなさい。（12点）

ア 知らない場所に入って、だんだん心細くなっていく子供たちの様子がえがかれている。
イ 新しい遊び場を見つけて、うれしくてこうふんしている子供たちの様子がえがかれている。
ウ しかられないかとおそれつつも、楽しい気持ちをおさえられない様子がえがかれている。

（　　）

時間 20分
合かく 40点
とく点 ／50点
勉強した日　月　日

時間 20分　合かく 40点　とく点 ／50点

勉強した日（　月　日）

1 つぎの文章《ぶんしょう》を読んで、あとの問《と》いに答えなさい。

きょうは、いいことなんて、なにもなかった。

給食《きゅうしょく》の牛乳《ぎゅうにゅう》、たおして、こぼした。宿題《しゅくだい》わすれて、先生にしかられた。図工室で、がびょうをふんだ。

①そんなの、みんな、たいしたことじゃない。

きょう、帰りの会がおわったとたん、

「いっしょに帰ろう」

「はやく、はやく」

しおりちゃんとゆいちゃんが、えみちゃんにかけよった。手をひっぱって、とびだしていった。

いつもは、あたしも、いっしょなのに。おいかけたら、バタバタ走って、にげていった。

②どうしてなのか、わからない。

あたし、そんなに、わるいことしたの。

③カサをさして、ひとりで帰った。

いつか、しおりちゃんが、いっていたっけ。

『実花《みか》ちゃんって、ハッキリいわないんだもん。なにかんがえてんだか、わかんない。④なんでも、みーんなかくしてる感《かん》じ』

あたしだって、しゃべりたいことは、いっぱいあるけど、いえないことも、あるんだもの。

（高山栄子《たかやまえいこ》「ママとあたしのサンドイッチ・ハウス」〈ポプラ社〉）

(1) 「①そんなの、みんな、たいしたことじゃない」と思うのは、なぜですか。つぎからえらんで、記号《きごう》で答えなさい。(10点)

ア もっと悪《わる》いことがあったから。

イ すんでしまったことだから。

ウ あまり気にしていないから。

（　　）

(2) 「②どうしてなのか、わからない」とは、どんなことについてですか。あてはまる言葉《ことば》を書きなさい。(10点)

友だちが自分から［　　　　　　　］こと。

(3) 「③カサをさして、ひとりで帰った」とありますが、その時の「あたし」はどんな気持《きも》ちでしたか。つぎからえらんで、記号で答えなさい。(10点)

ア すごくおこっている気持ち。

イ ひどくあせっている気持ち。

ウ たいへんさびしい気持ち。

（　　）

(4) 「あたし」が「きょう」よりも前のことを思い出しているのは、どこからですか。そのはじめの三字をぬき出しなさい。(10点)

［　　　］

(5) 「④なんでも、みーんなかくしてる感じ」と言われて、「あたし」はどう思いましたか。十字で書きなさい。(10点)

［　　　　　　　　　　］

物《もの》語《がたり》(2)

時間 20分　合かく 40点　とく点　/50点

勉強した日（　月　日）

1 つぎの文章《ぶんしょう》を読んで、あとの問《と》いに答えなさい。

「おばあちゃん」は、子スズメを育《そだ》てています。「ユウ」は、虫をとってくるようにたのまれました。

「①虫をとってきたら、どうするんだよ。」
とふしぎそうにきいた。

「こういう野生の小鳥にはさあ、やっぱり生きた虫を食べさせたほうが、いいと思うんだよ。あわやらひえばかりじゃ、どうも栄養《えいよう》がたりないんでね。だからたのむよ、ユウぼう。ほら、ちゃんと②あれも買って、用意《ようい》してあるんだからさ。」

おばあちゃんはおしいれをあけると、ま新しい虫とりあみをとりだしてきた。

「いぇいぇーい！　今ぼく、それがほしかったんだよ。おばあちゃん、③気がきくう！　④虫ぐらい、いっくらでもとってきてやらあ。」

ユウは気前よくいって、虫とりあみのえをつかむと、シュッシュッと二回ふりまわした。けれども、三回めをふりまわしかけて、⑤ひたっととめると、おばあちゃんの方をふりむいた。

口のはしに、ずるそうなわらいがうかんでいる。

「だけどぼく、その虫、ただじゃわたさないかんな。一ぴき一ぴき値段《ねだん》つけて、売るんだかんな。」

（田辺《たなべ》みゆき「とんでけ！　スズメのチョン」）

(1) 「①虫をとってきたら、どうするんだよ」とありますが、おばあちゃんは何をするつもりですか。（8点）

（　　　）

(2) 「②あれ」とは何ですか。五字で書きなさい。（8点）

□□□□□

(3) 「③気がきく」の意味《いみ》をつぎからえらんで、記号《きごう》で答えなさい。（8点）

ア ゆったりしていて、あせらない。
イ よく心が行きとどく。
ウ 心配《しんぱい》で、いたたまれない。

（　　　）

(4) 「④虫ぐらい、いっくらでもとってきてやらあ」とは、「ユウ」のどんな気持《きも》ちを表《あらわ》していますか。つぎからえらんで、記号で答えなさい。（8点）

ア ひそかに感《かん》しゃしている。
イ おどろいて、あきれている。
ウ よろこび、いさんでいる。

（　　　）

(5) 「⑤ひたっととめると、おばあちゃんの方をふりむいた」とありますが、「ユウ」はどんなことを思いつきましたか。（10点）

（　　　）

(6) (5)の時の「ユウ」の気持ちがよく表れている言葉《ことば》を八字でぬき出しなさい。（8点）

□□□□□□□□

標準レベル 33 物《もの》語《がたり》(3)

1 つぎの文章《ぶんしょう》を読んで、あとの問《と》いに答えなさい。

ミナコは、いつ出るのかと、ツトムは、胸《むね》をおどらせて待《ま》った。

舞台《ぶたい》のスクリーンに、白い雲とおだやかな海が映《うつ》し出された。

中学生ぐらいの女の子がふたり、おどりながら出てきた。まもなく、三人の女の子たちが出てきた。

(あっ、いた、いたっ!)

まんなかでおどっているのは、ミナコだった。

髪《かみ》に白いレースのようなものをつけ、あの白いふわふわの服《ふく》を、おそろいで着《き》ている。

ツトムは、ミナコの姿《すがた》だけをじっと追《お》いまわした。

バレリーナになって、お父《とう》さんとお母《かあ》さんに再会《さいかい》するゆめをもっているミナコ。そのせいか、ミナコのおどりは、ほかのだれよりもけんめいにおどっているように、ツトムには見えた。そして、あの川面《かわも》を飛《と》ぶカモメと一つになっているようだった。

はくしゅがおこった。ツトムも、はっとして強く手をたたいた。

うれしそうに、片《かた》ひざをついてあいさつするミナコ。もう一度《いちど》、はくしゅがおこる。

(高井節子《たかいせつこ》「カモメの飛ぶ町」)

(1)「ツトム」は、どんな気持《きも》ちで「ミナコ」の出番を待っていましたか。つぎからえらんで、記号《きごう》で答えなさい。(10点)

ア うたがいながら待っていた。

イ うっとりとしながら待っていた。

ウ わくわくしながら待っていた。

(　　)

(2)「ミナコ」が出てきた時の「ツトム」の気持ちがよくわかる文を一つ見つけて、ぬき出しなさい。(10点)

(　　)

(3)「ツトム」が「ミナコ」の様子《ようす》をよく見ていることがわかるところを、二十字以内《いない》でぬき出しなさい。(10点)

(4)「ミナコ」は、どんなゆめをもっていますか。(10点)

(　　)

(5)「ツトムも、はっとして強く手をたたいた」とは、どんなことを表《あらわ》していますか。つぎからえらんで、記号で答えなさい。(10点)

ア ミナコに見とれていて、まわりのはくしゅで、われに返《かえ》ったこと。

イ ほかのことを考えていて、強いはくしゅで、われに返ったこと。

ウ まわりのはくしゅで、ミナコたちのおどりがよかったことに気づいたこと。

(　　)

時間	合かく	とく点
20分	40点	/50点

勉強した日（　月　日）

物《もの》語《がたり》(3)

1 つぎの文章《ぶんしょう》を読んで、あとの問《と》いに答えなさい。

しょういちはおじいちゃんの車で、子犬をもらいにいった。

案内《あんない》された倉庫《そうこ》の中に親犬が寝《ね》ていて、黒とこげ茶と白っぽい子犬が数匹《すうひき》、おっぱいを取《と》りあっていた。

おじいちゃんは子犬を一匹《ぴき》ずつ、①じっくりていねいに見ている。

「どの子も、耳がピンと立っていて、しっぽが丸くまいている。いい犬だ。しょういち、どの子がいい？」

おじいちゃんに言われて、しょういちは手をのばし、②そーっと、そーっと、子犬にふれてみた。じゅんじゅんにさわっていくと、白っぽい子犬だけが「よろしくね」と言うように、ピクッと動《うご》いた。

③「この子にする！」

子犬をダンボール箱《ばこ》に入れてもらい、しょういちは車のうしろの席《せき》に乗《の》った。

④「ぼくが名前をつけてもいい？」

「いいとも。メスだから、かわいらしい名前にしろよ。」

しょういちとおじいちゃんはバックミラーに顔をうつしながら、しゃべった。

「ぬいぐるみみたいに、もこもこしてるから『モコ』はどうかな？」

というわけで、子犬の名前は「モコ」になった。

モコはしばらく「母屋《おもや》」で、ダンボール箱に入れてかうことにした。

（岡田《おかだ》なおこ「ヤンモのいた日」）

(1) 「おじいちゃん」が子犬を①「じっくりていねいに見ている」のは、なぜですか。つぎからえらんで、記号《きごう》で答えなさい。(10点)

ア 大きめの子犬をえらびたかったから。
イ 子犬が何をしているかを見るため。
ウ どんな子犬かよくたしかめるため。

（　　）

(2) ②「そーっと、そーっと」は、どんな様子《ようす》を表《あらわ》していますか。つぎからえらんで、記号で答えなさい。(10点)

ア おびえながらふれている様子。
イ やさしくふれている様子。
ウ あわてながらふれている様子。

（　　）

(3) 「しょういち」が③「この子にする！」と決《き》めたのは、なぜですか。(10点)

（　　）

(4) ④「ぼくが名前をつけてもいい？」と言ったとき、「しょういち」はどんな気持《きも》ちでしたか。つぎからえらんで、記号で答えなさい。(10点)

ア どうするべきかと、こまる気持ち。
イ うれしくて、わくわくする気持ち。
ウ 安《やす》らかで、静《しず》かにおちついた気持ち。

（　　）

(5) 子犬の名前が「モコ」になったのは、なぜですか。ぬき出して書きなさい。(10点)

（　　）

時間	20分
合かく	40点
とく点	/50点

勉強した日 月 日

1 20 40 60 80 100 GOAL 120(回)

標準レベル

35 物《もの》語《がたり》(4)

時間 20分　合かく 40点　とく点　／50点

勉強した日（　月　日）

1 つぎの文章《ぶんしょう》を読んで、あとの問《と》いに答えなさい。

風がふいて、枝《えだ》は、①たよりないうでのように、よわよわとなびきました。

しょぽろさんは、速度《そくど》を落《お》として、あたりをながめながら走っていましたが、そのうち、ふと外の空気がすいたくなったので、川はばが広くなっている道路《どうろ》はしに、車をよせて止め、まどをあけました。

タンポポのわたげが、ひとつふたつ、目の前をよこぎって川のほうへとんでいきます。

「ああ、そう。わたしの家、ちょうどこの川むかいあたりだ。」

②ポチャリッ。

どこかで水のはねる音がしました。

だれか、夜づりでもしているのでしょうか。

なにげなく、音のしたほうに目をやったしょぽろさんは、川から、ひとりのほっそりとした子どもが出てきて、岸《きし》に上がるところなのを見ました。

その子は、ひくいカワヤナギのしげみをかきわけながら、ふらふらと土手をのぼってきましたが、とちゅうで、ばったりころびました。

③「あっ。」

しょぽろさんは、いそいでドアをあけると土手をかけおり、その子をたすけおこしました。

（小野寺悦子《おのでらえつこ》「しょぽろタクシーのおきゃくさま」）

(1) この場面《ばめん》でえがかれている季節《きせつ》がよくわかる文をさがし、はじめの四字をぬき出しなさい。（10点）

□□□□

(2) ①「たよりないうでのように、よわよわとなびきました」とありますが、それはどのような枝でしたか。つぎからえらんで、記《き》号《ごう》で答えなさい。（10点）

ア 太くて、たくましそうな枝。
イ とても短《みじか》くて、曲《ま》がっている枝。
ウ 細長くて、弱そうな枝。

（　　）

(3) ②「ポチャリッ」とありますが、「しょぽろさん」は、それを何の音だと思いましたか。（10点）

（　　）

(4) ②「ポチャリッ」という音は、何の音でしたか。（10点）

（　　）

(5) ③「あっ。」とありますが、それはどんな気持《きも》ちを表《あらわ》していますか。つぎからえらんで、記号で答えなさい。（10点）

ア どうしたらいいかわからないことが起《お》きて、おびえている気持ち。
イ 思ってもいなかったことが急《きゅう》に起こって、おどろいている気持ち。
ウ たいへんなことを目にして、助《たす》けてやろうと勇《いさ》んでいる気持ち。

（　　）

1 1 20 40 60 80 100 120（回）

時間	合かく	とく点
20分	40点	／50点

勉強した日（　月　日）

1 つぎの文章《ぶんしょう》を読んで、あとの問《と》いに答えなさい。

学校の門をくぐると、またもやチヨはおどろかされた。どの子もどの子も、チヨにはえらい子にみえた。

ついこのあいだ買ってもらった、赤い肩《かた》さげかばんがうれしくて、学校に来るまでは、それさえあれば、りっぱな一年生だと信《しん》じていたチヨであった。

が、①それだけではたりないのだった。たいていの子は、おろしたてのようなもようのあるきものに、むらさきや、あずきいろのはかまをはいていた。

そのはかまのひもには、まっ白いハンカチがきちんとたたんでさがっている。それが、ほんとうの一年生というものらしかった。

母親のトネが、それでも気をつかって着《き》せてくれたのは、あらいざらしとはいえ、チヨのもってるもののなかでは、どこにもつぎがあたっていない、一ちょうらのぼうじまのきものであった。

ほかにもチヨのような一年生が、いないのではなかったのだが、びっくりしたチヨには、②どの子もいちようにあかぬけたうつくしい姿《すがた》かたちにみえたのである。村の子のように、はなじるでぐじょぐじょの子も、じぶんやサヨのようなみすぼらしい子もいないように思われた。

（生源寺美子《しょうげんじはるこ》「雪ぼっこ物語」）

(1) この文章の内ようにあてはまるものをつぎからえらんで、記号《きごう》で答えなさい。（10点）

ア 小学生になったばかりのチヨのよろこび。

イ 小学生になったばかりのチヨのおどろき。

ウ 小学校を見たチヨの悲《かな》しみ。

（　　）

(2) 「チヨ」には、ほかの小学生はどのように見えましたか。四字で答えなさい。（10点）

(3) 「①それだけではたりない」とありますが、「チヨ」は何がたりないと思いましたか。三つ書きなさい。（6点×3）

（　　）（　　）（　　）

(4) 「②どの子もいちようにあかぬけたうつくしい姿かたちにみえた」は、「チヨ」のどんな気持《きも》ちを表《あらわ》していますか。つぎからえらんで、記号で答えなさい。（12点）

ア うつくしくない、自分の姿かたちを悲しむ気持ち。

イ 自分の姿かたちが、ほかの子よりおとっているという気持ち。

ウ いつかうつくしい姿かたちになれるという幸《しあわ》せな気持ち。

（　　）

時間 20分
合かく 40点
とく点 　　/50点

勉強した日（　月　日）

1 つぎの詩《し》を読んで、あとの問《と》いに答えなさい。

山のむこう

下田《しもだ》 喜久美《きくみ》

①春がすみが
谷あいを
ながれてゆきます
さくらのピンクが　②山に帯《おび》をかけ
わらびの背《せ》のびが　一列《いちれつ》にみえ
村々の*根方《ねかた》に　すみれも目を開《ひら》きます

山のむこうのことです
さくらの木《き》の枝《えだ》の　むこうのことです

私《わたし》の③足元に
一輪《いちりん》のすみれをみつけて

今
④山のむこうを　知ったのです

*根方…ふもと。

(1) 「①春がすみ」と同じように、春らしい様子《ようす》を表《あらわ》しているものを三つ書きなさい。（4点×3）

・
・
・

(2) 「②山に帯をかけ」とは、どんな様子を表していますか。つぎからえらんで、記号《きごう》で答えなさい。（8点）

ア 山の全体《ぜんたい》にわたって色づかせていること。
イ 山から山へと色がつづいていること。
ウ 山の一部分《ぶぶん》を細長くおおっていること。
（　　）

(3) 「私」は「③足元」を見て、何を見つけましたか。（6点）

一輪の［　　　］。

(4) 「④山のむこうを　知ったのです」とありますが、どんなことを知ったのですか。つぎからえらんで、記号で答えなさい。（8点）

ア こちらがわと同じように、春がやって来ていること。
イ 春にさいていた花が、すでに終《お》わってしまったこと。
ウ 山のむこうがわにまで、かすみがうつっていったこと。
（　　）

(5) 「山のむこう」と同じ場所《ばしょ》を表している言葉《ことば》をぬき出しなさい。（8点）

（　　　　）

(6) この詩にあてはまるものをつぎからえらんで、記号で答えなさい。（8点）

ア だれも知らないものを見たようなふしぎさを感じる。
イ 知らない場所への強いあこがれを感《かん》じる。
ウ 明るく、とてもさわやかな感じがする。
（　　）

時間	合かく	とく点	勉強した日
20分	40点	/50点	月　日

1 つぎの文章《ぶんしょう》を読んで、あとの問《と》いに答えなさい。

りゅうは、よわむしがすきなのです。べそをかいている自分を、いまにもまっ赤《か》な目玉でにらみつけようと、ねらっている気がしてならないのです。

いさむは自分のことを、①ほんとうはすごくよわむしだと思っています。なぜかといえば、夕立ちのときにおとうさんとおかあさんがかえってくると、ほっとするからです。

かいこがぬれずにすむと、あんしんしてほっとするのではありません。かみなりがこわくて、ひとりだとこころぼそくてしようがないからです。

いさむは、かみなりがなんでもしっているように思いました。

ピカッと光るたびに、いさむはいきをつめ、ふるえました。いなずまといっしょに、生木をひきさくようなすさまじいとどろきがさくれつしました。

②ズシーンとした音で、おしりがしびれるようにしんどうします。

いさむは、死《し》ぬかもしれないと思いました。こわくて、いきをとめてこらえました。

くるしくなって、フッといきをはいたときだけ、まだ生きていたと、かすかに思いました。

（最上一平《もがみいっぺい》「かみなり雲がでたぞ」）

(1) 「りゅう」とは、何のことですか。文章中から四字の言葉《ことば》をぬき出しなさい。（10点）

（　　　　）

(2) 「①ほんとうはすごくよわむしだと思っています」とありますが、いさむが、そのように思うのは、なぜですか。その理由《りゆう》を、文章中から二つぬき出して答えなさい。（10点×2）

（　　　　）
（　　　　）

(3) 「②ズシーンとした音」のことを表《あらわ》している言葉を、文章中からぬき出しなさい。（10点）

（　　　　）

(4) かみなりが光るたびにこわがる様子《ようす》から、いさむのどんな気持《きも》ちがわかりますか。つぎからえらんで、記号《きごう》で答えなさい。（10点）

ア こんなにこわいなら死んだほうがましだ。

イ もう少しがまんすれば、生きのびられる。

ウ 生きている気持ちがまったくしない。

エ どうして、自分はこんなによわむしなのだろう。

（　　）

主語《しゅご》・述語《じゅつご》

時間 15分　合かく 40点　とく点 ／50点
勉強した日（　月　日）

1〜120（回）

1 つぎの文の主語《しゅご》（「何が」「何は」）にあたる言葉《ことば》に——を引きなさい。（2点×7）

① きょうは、朝早くから雪がふっています。
② ぼくは、この町の病院《びょういん》で生まれました。
③ わたしの姉は、とても明るいせいかくです。
④ 野原の中を、川がゆったりと流《なが》れています。
⑤ 急《きゅう》に声をかけられたので、わたしは思わず立ち止まりました。
⑥ さあ、始《はじ》まっちゃうよ、ピアノのえんそう会が。
⑦ そこにあるのは、とても大切なものです。

2 つぎの文の述語《じゅつご》（「何だ」「どうする」「どんなだ」）にあたる言葉に——を引きなさい。（2点×7）

① 秋の夜はすずしい。
② それはわたしのつくえです。
③ ぼくは、毎日弟といっしょに学校へ行きます。
④ 庭《にわ》にさいたバラの花が、とてもきれいです。
⑤ この写真《しゃしん》にうつっているのは、わたしの兄です。
⑥ 早く公園に遊《あそ》びに行こうよ、ぼくといっしょに。
⑦ きのうの夕食に食べたのは、ハンバーグだ。

3 つぎの文の主語には——を引き、述語は□でかこみなさい。（2点×6）

① とつぜんはげしい雨がふりだしました。
② きつねは大きな風の音におどろきました。
③ 近所《きんじょ》の公園の砂場《すなば》は、とても広いです。
④ 弟の一番のこうぶつは、温《あたた》かいやきいもです。
⑤ どこへ行ったのかな、君《きみ》のあの小さい犬は。
⑥ 大きな雪だるまが、みんなの力でできました。

4 つぎの文を□の中のしゅるいにしたがって分け、記号《きごう》で答えなさい。（2点×5）

ア 何が—どうする
イ 何が—何だ
ウ 何が—どんなだ

①（　）赤ちゃんのえがおはとてもかわいい。
②（　）ぼくは大きなまちがいをしました。
③（　）うまくいったのはあなたのおかげです。
④（　）あなたはあすはいそがしいですか。
⑤（　）さあ、いっしょに歌いましょう。

上級レベル 40

主《しゅ》語《ご》・述《じゅつ》語《ご》

時間 15分
合かく 40点
とく点 　　／50点
勉強した日（　月　日）

1 つぎの文の主語《しゅご》と述語《じゅつご》をぬき出して、書きなさい。主語がしょうりゃくされている場合は×をつけなさい。（2点×10）

① わたしたちは、バスのていりゅう所《じょ》まで走りました。
主語（　　）
述語（　　）

② プラモデルを作った弟は、そのできばえにまん足しました。
主語（　　）
述語（　　）

③ 夏休みになったら、ふだん読めないような本をたくさん読もう。
主語（　　）
述語（　　）

④ 家の前の通りには、春になるときれいなさくらの花がいっぱいさきます。
主語（　　）
述語（　　）

⑤ 大きくて、くりくりとした目が、とてもすてきです。
主語（　　）
述語（　　）

2 〈れい〉にならって、つぎの文の主語と述語を入れかえて書きなさい。（5点×4）

〈れい〉兄が来ました。
↓来たのは兄です。

① 毎日勉強《べんきょう》するのは、大切なことです。
↓

② せきがいつまでも止まりません。
↓

③ つくえの上に本が二さつおいてありました。
↓

④ 姉の歌声はいつものようにきれいでした。
↓

3 つぎの文のしゅるいをあとからえらんで、記号《きごう》で答えなさい。（2点×5）

① 君《きみ》の本はここにあります。（　　）

② 庭《にわ》に美《うつく》しいチューリップの花がさきました。（　　）

③ 父は、近《ちか》くの病院《びょういん》の内科の医者《いしゃ》です。（　　）

④ ここからながめるけしきも、実《じつ》にすばらしい。（　　）

⑤ わたしは、きのう友だちと魚つりに行きました。（　　）

ア 何が―どうする
イ 何が―何だ
ウ 何が―どんなだ
エ 何が―ある（いる・ない）

標準 レベル

41 かざり言葉《ことば》

1
20
40
60
80
100
GOAL
120（回）

時間	15分
合かく	40点
とく点	/50点

勉強した日（　月　日）

1 ——の言葉《ことば》がかざっている言葉を□でかこみなさい。（2点×7）

① 楽しい会を開《ひら》きましょう。

② 急《いそ》いで駅《えき》まで行きましょう。

③ やっととてもむずかしい問題《もんだい》がとけました。

④ とても大きな池が、公園の真《ま》ん中《なか》にあります。

⑤ そんなことをほかの人に言ってはいけません。

⑥ ぼくは、みんなとわかれてひとりで電車に乗《の》った。

⑦ あすは弟といっしょに動物園《どうぶつえん》に行きます。

2 □の言葉をかざっている言葉に——を引きなさい。（2点×7）

① あなたのお兄さんは、絵をかくのがたいへんうまいですね。

② もう少しゆっくりと食べるほうがいいですよ。

③ 水族館《すいぞくかん》で、大きな魚が泳《およ》ぐのを見ました。

④ 真《ま》っ白《しろ》な雲が、空にぽっかりういていました。

⑤ わたしのおねえさんは、テニス大会に出場しました。

⑥ とても森の中はしずかだ。

⑦ 空がくもってきて、急《きゅう》に大つぶの雨がふりだしました。

3 ——の言葉がかざっている言葉を書きなさい。（2点×5）

① いきなりだれかがドアをたたきました。（　　）

② あなたのバッグはとてもかわいいですね。（　　）

③ さっき電話をかけてきたのはだれですか。（　　）

④ つめたい、でも、さわやかな風がふき出しました。（　　）

⑤ 山のちょう上からは町全体《ぜんたい》が見えました。（　　）

4 ——の言葉をかざっている言葉を書きなさい。（3点×4）

① もうすぐさわやかなきせつがおとずれます。（　　）

② きのう、この店で食べた料理《りょうり》は、すごくおいしかった。（　　）

③ ここにある本は、友だちからかりたものです。（　　）

④ 秋にはむらさき色のきれいな花がさきます。（　　）

かざり言葉《ことば》

時間 15分　合かく 40点　とく点 ／50点　勉強した日（　月　日）

1 様子《ようす》をくわしく表《あらわ》す言葉《ことば》に――を引きなさい。（1点×6）

① 姉はいそいそと出かけました。
② 雨がしとしとふっています。
③ 本をじっくりと読んで、楽しみました。
④ 犬がぐるぐる走り回っていました。
⑤ 赤ちゃんはよちよち歩きます。
⑥ 小川がさらさら流《なが》れています。

2 （　）にあてはまる言葉をあとからえらんで、書きなさい。（2点×8）

①（　　）さす。
②（　　）わすれる。
③（　　）ねむる。
④（　　）うかぶ。
⑤（　　）見る。
⑥（　　）ぬれる。
⑦（　　）わらう。
⑧（　　）はたらく。

じろじろと	けろりと
にやにやと	しっとりと
ぐさりと	せっせと
ふわりと	すやすやと

3 「しっかりと」を使《つか》って、短《みじか》い文を作りなさい。（6点）

4 □の言葉をかざっている言葉に――を引きなさい。ただし、答えは一つとはかぎりません。（2点×6）

① 学校のグラウンドで、野球《やきゅう》のしあいが［行われました］。
② わたしは、まどにランプの［光が］うつっているのを見ています。
③ 動物園《どうぶつえん》には、大きなライオンが何頭も［います］。
④ きのう、ぼくは、悲《かな》しい話が書いてある本を母に［読んでもらいました］。
⑤ 夜中に大きなサイレンの音が何度《なんど》も［ひびきました］。
⑥ さくらの花びらが、はらはらとわたしのかたに［落《お》ちてきました］。

5 つぎの文の――の言葉が、かざっている言葉とかざられている言葉のつながりになっているものには○を、そうではないものには×をつけなさい。（2点×5）

①（　）かぜを ひいて、弟も 妹も 学校を 休みました。
②（　）真夏《まなつ》の 太陽《たいよう》が ぎらぎらと てりつける。
③（　）ペンギンは、今 水中で 楽しそうに 泳《およ》いで います。
④（　）食事《しょくじ》の 用意《ようい》を するのは、わたしの 仕事《しごと》です。
⑤（　）雨が ふれば、あすの 遠足は 中止です。

標準レベル

43 つなぎ言葉《ことば》

勉強した日（　　月　　日）

時間	15分
合かく	40点
とく点	/50点

1　（　）にあてはまるつなぎ言葉《ことば》をあとからえらんで、書きなさい。（同じ言葉を二度《ど》使《つか》ってはいけません。）（4点×6）

① 夏休みが終《お》わった。（　　　）、二学期《がっき》が始《はじ》まった。

② きょうは風が強いです。（　　　）、ほこりがまっています。

③ 何度《なんど》か会ったことがある子どもです。（　　　）、名前を思い出せません。

④ これは、あなたのボールペンですか。（　　　）、友だちのボールペンですか。

⑤ わたしの家には、ねこが一ぴきいます。（　　　）、犬も二ひきいます。

⑥ 道でころんで、足をけがしてしまった。（　　　）、自分の不注意《ふちゅうい》だったのだ。

だから　しかし　そのうえ
つまり　それとも　そして

2　（　）にあてはまる言葉をあとからえらんで、書きなさい。（3点×4）

① 読んだ（　　）よくわかった。

② 読んだ（　　）わからなかった。

③ 読み（　　）考えた。

④ 読ん（　　）つまらない。

から　ながら　のに　でも

3　前の文とあとの文とがうまくつながるほうを、○でかこみなさい。（2点×7）

① けさは早く起《お》きました。{それでも／それで}、いつもより早く学校へ行きました。

② この人はお父さんのお兄さんです。{つまり／けれども}、わたしのおじさんです。

③ 急《いそ》いでいたので、ずっと走ってきました。{だから／そのうえ}、息《いき》が切れてしまいました。

④ 黒い雲がたくさんわきました。{だけど／ところで}、雨にはなりませんでした。

⑤ 先生から習字《しゅうじ》をほめられました。{すなわち／さらに}、母からもほめられました。

⑥ つかれてきたので、そろそろ休けいしますか。{それとも／それでは}、もう少しつづけますか。

⑦ わたしは、毎日野さいを食べます。{なぜなら／たとえば}、それは体によいからです。

つなぎ言葉《ことば》

時間 15分　合かく 40点　とく点 ／50点

勉強した日〔　月　日〕

1 あとからてきとうなつなぎ言葉《ことば》をえらび、それを使《つか》って、次の二つの文を一つの文にして書きなさい。（5点×4）

〈れい〉いそがしかった。行けなかった。

→いそがしかったから、行けなかった。

① だれかがわたしをよんだ。わたしはふり返《かえ》った。

（　　　　　　　　）

② あわてて帰ってきた。間に合わなかった。

（　　　　　　　　）

③ 兄はスポーツがとくいだ。勉強《べんきょう》もよくできる。

（　　　　　　　　）

④ テレビを見ていた。それと同時に本も読んでいた。

（　　　　　　　　）

うえに	ので
つつ	けれど

2 （　）にあてはまるつなぎ言葉をあとからえらんで、書きなさい。（3点×6）

① ノートがなくなってしまいました。（　　）、近所《きんじょ》のお店に買いに行きました。（　　）、お店のノートが売り切れていて、こまりました。

② 三月二十五日は、ぼくの生まれた日、（　　）、たん生日です。この日は毎年、家でごちそうを作ってくれるか、（　　）、みんなで外食に出かけて、おいしいものを食べさせてくれます。

③ お父さんが、犬をかうことをやっとゆるしてくれました。（　　）、世《せ》話《わ》をちゃんとすることがじょうけんです。（　　）、散《さん》歩《ぽ》にも毎日連《つ》れて行くように言われました。

すなわち	でも	さらに
それで	あるいは	ただし

3 つぎのつなぎ言葉を使って、短《みじか》い文を作りなさい。（6点×2）

① だから

（　　　　　　　　）

② しかし

（　　　　　　　　）

国語辞典《じてん》の使《つか》い方《かた》

時間 15分
合かく 40点
とく点 　　/50点
勉強した日（　月　日）

1 つぎの――の言葉《ことば》を、国語辞典《じてん》に出てくる形に直しなさい。（2点×7）

〈れい〉山に登った。……（登る）

① 大急《おおいそ》ぎで走りました。……（　　）

② どうかここへ来てください。……（　　）

③ きょうはたくさん本を読んだ。……（　　）

④ きれいな花がさいています。……（　　）

⑤ この本を書いた人は、たいへん有名であるらしい。……（　　）

⑥ ひとりで帰ってはさみしかろう。……（　　）

⑦ 体の調子《ちょうし》が悪《わる》くて、苦しかった。……（　　）

2 つぎの言葉を、国語辞典に出てくる順《じゅん》になるように、1～3の番号《ばんごう》を入れてしめしなさい。（3点×3）

① （　）かばん　（　）画板　（　）買う

② （　）さむらい　（　）さむい　（　）サボテン

③ （　）しょうじ　（　）じょうしき　（　）じょうぎ

3 「弱い」という言葉を国語辞典で調《しら》べたら、□の中の三つの意味《いみ》が書いてありました。あとの――の言葉は、それぞれどの意味で使《つか》われていますか。記号《きごう》で答えなさい。（2点×5）

ア じょうぶでない　イ 力が少ない　ウ にがてだ

① 姉はもともと体が弱い。（　）

② きょうは風が弱い。（　）

③ ぼくは算数が弱い。（　）

④ 目が弱くなった。（　）

⑤ 父はお酒《さけ》に弱い。（　）

4 つぎの言葉の読みがなを書き、国語辞典に出てくる順《じゅん》にならべかえ、記号《きごう》で答えなさい。（読みがな2点×5、ならべかえ7点）

ア 究明
イ 急行
ウ 級長
エ 球場
オ 客車

（　→　→　→　→　）

上級 レベル 46

国語辞典《じてん》の使《つか》い方《かた》

勉強した日　月　日

時間 15分　合かく 40点　とく点　50点

1 つぎの言葉《ことば》を、国語辞典《じてん》に出てくる順《じゅん》になるように、1~3の番号《ばんごう》を書きなさい。（3点×5）

① （　）自分　（　）事後　（　）持病

② （　）主人　（　）出場　（　）集合

③ （　）商家　（　）昭和　（　）乗車

④ （　）投球　（　）登山　（　）度数

⑤ （　）氷山　（　）秒読み　（　）病気

2 つぎの言葉を、国語辞典に出てくる順になるように、1~3の番号を書きなさい。（3点×5）

① （　）パン　（　）はん　（　）ばん

② （　）ほっと　（　）ポット　（　）ボート

③ （　）はつが　（　）はつか　（　）はっか

④ （　）おじ　（　）おうさま　（　）おうじ

⑤ （　）グループ　（　）クーラー　（　）クッキー

3 つぎの——の言葉の意味《いみ》としてよいものをあとからえらんで、記号で答えなさい。（5点×4）

① 家のかぎをかける。　（　）

ア ぶらさげる。つりさげる。

イ とじる。さす。

ウ 足りなくなる。

② 手があくようなら、手伝《てつだ》ってください。　（　）

ア ふさいでいたものがとれる。

イ あったものがなくなって、からになる。

ウ することがないようになる。

③ おばあちゃんのことを思うと、なつかしい。　（　）

ア 心の中でえがく。

イ いつくしみ、大切に思う。

ウ ねがう。のぞむ。

④ 身なりをととのえるひつようがあるので、お待《ま》ちください。　（　）

ア もれのないように用意《ようい》する。

イ きちんとした形にする。

ウ いろいろと買いそろえる。

標準レベル

47 ローマ字

時間 15分
合かく 40点
とく点　　　50点
勉強した日〔　月　日〕

1 つぎのローマ字の言葉《ことば》を、ひらがなに直しなさい。（1点×10）

① kokugo
（　　　　）

② tomodati
（　　　　）

③ orugan
（　　　　）

④ zitensya
（　　　　）

⑤ kyôkai
（　　　　）

⑥ ningyô
（　　　　）

⑦ myôzyô
（　　　　）

⑧ siyakusyo
（　　　　）

⑨ yakkyoku
（　　　　）

⑩ hyôsyôzyô
（　　　　）

2 つぎの言葉のローマ字の書き方が正しいものをえらんで、○をつけなさい。（2点×5）

① カニ
ア（　　）kani
イ（　　）kami

② ラッコ
ア（　　）rako
イ（　　）rakko

③ 旅行《りょこう》
ア（　　）ryoko
イ（　　）ryokô

④ 水泳《すいえい》
ア（　　）suiei
イ（　　）suiê

⑤ ホッチキス
ア（　　）hotikisu
イ（　　）hottikisu

3 つぎの言葉をローマ字に直しなさい。（2点×5）

① バス

② おふろ

③ ひこうき

④ せんぷうき

⑤ じどうしゃ

4 つぎの言葉をローマ字に直しなさい。（2点×10）

① 夏休み

② 新年

③ 遠足

④ 小学校

⑤ 図書館《としょかん》

⑥ 名古屋《なごや》

⑦ チューリップ

⑧ 山田友子

⑨ 切手

⑩ お茶わん

上級レベル 48 ローマ字

時間 15分　合かく 40点　とく点 ／50点

勉強した日〔　月　日〕

1 つぎの言葉《ことば》をローマ字で書きなさい。（4点×5）

① 東京

② スペイン

③ 札幌《さっぽろ》

④ パリ

⑤ 大阪《おおさか》

2 つぎのローマ字の言葉を、ひらがなに直しなさい。（1点×10）

① matti no hi

② yotto ni noru

③ nitiyôbi ni au

④ husigina hanasi

⑤ tadasii kotae

⑥ byôin ni iku

⑦ kôen de asobu

⑧ eki de mukaeru

⑨ hosi ga matataku

⑩ koppu de nomu

3 つぎの言葉をローマ字で書きなさい。（2点×5）

① おばあちゃん

② せっけん

③ 赤ちゃん

④ きんぎょ

⑤ こんにゃく

4 つぎの言葉のローマ字の書き方としてよいものをえらんで、○をつけなさい。（1点×10）

① 北海道　〔ア（　）hokkaidô　イ（　）Hokkaidô〕

② ロボット　〔ア（　）robotto　イ（　）roboto〕

③ たんじょう日　〔ア（　）tanzyôbi　イ（　）tanzyobi〕

④ だいこん　〔ア（　）daikonn　イ（　）daikon〕

⑤ ポルトガル　〔ア（　）porutogaru　イ（　）Porutogaru〕

⑥ ヘリコプター　〔ア（　）herikoputâ　イ（　）herikoputa〕

⑦ 木村りえ　〔ア（　）Kimura Rie　イ（　）kimura rie〕

⑧ べんきょう　〔ア（　）benkyô　イ（　）ben'kyô〕

⑨ たんにん　〔ア（　）tannin　イ（　）tan'nin〕

⑩ 一方通行　〔ア（　）ippôtukô　イ（　）ippôtûkô〕

標準レベル 49

漢字《かんじ》の意味《いみ》

時間	15分
合かく	40点
とく点	/50点

勉強した日（　月　日）

1 漢字《かんじ》の意味《いみ》を考えて、つぎの——の言葉《ことば》を、漢字で書きなさい。（1点×14）

① ア 紙をきる。　イ 服《ふく》をきる。

② ア 家にかえる。　イ 本をかえす。

③ ア ちょうをおう。　イ 責任《せきにん》をおう。

④ ア 友だちにあう。　イ 答えがあう。

⑤ ア まだまがある。　イ ま夏の太陽《たいよう》。

⑥ ア はたらきもの。　イ 食べもの。

⑦ ア 魚をはなす。　イ 先生とはなす。

2 つぎの——の言葉を、漢字で書きなさい。（2点×10）

① ア 時計《とけい》店のかいてん。　イ かいてんするこま。

② ア かいそう電車。　イ 昔《むかし》をかいそうする。

③ ア きょうかを学ぶ。　イ チームのきょうか。

④ ア 自分じしん。　イ じしんをもつ。

⑤ ア 町のとうぶに住《す》む。　イ 人形のとうぶ。

3 つぎの——の言葉を、漢字で書きなさい。（2点×3）

① せいしの分かれ目。

② しか医院《いいん》に行く。

③ エンジンをしどうする。

①　②　③

4 つぎの漢字の意味をあとからえらんで、記号《きごう》で答えなさい。（2点×5）

① 主（　）　② 真（　）

③ 身（　）　④ 幸（　）

⑤ 館（　）

ア たてもの　イ からだ　ウ さいわい　エ ほんとう　オ 中心となる人

上級レベル **50**

漢《かん》字《じ》の意《い》味《み》

1 20 40 60 80 100 120（回）

1 つぎの——の言葉《ことば》を、漢字《かんじ》で書きなさい。（1点×14）

① ア 木をうえる。
　 イ テストにうかる。

② ア 朝早くおきる。
　 イ 宿題《しゅくだい》をおえる。

③ ア おもいを伝《つた》える。
　 イ おもいカバン。

④ ア かわが流《なが》れる。
　 イ 木のかわをむく。

⑤ ア 雪がきえる。
　 イ 名前をきめる。

⑥ ア 置《お》いてある本をとる。
　 イ 先生にといかける。

⑦ ア 車にのる。
　 イ 水をのむ。

2 つぎの——の言葉を、漢字で書きなさい。（1点×12）

① ア 太平ようの写真《しゃしん》。
　 イ よう気にさわぐ。

② ア ちゅう目を集《あつ》める。
　 イ 家の前の電ちゅう。

③ ア 自ゆう時間。
　 イ ゆう園地に行く。

④ ア びょう等《どう》にあつかう。
　 イ 一分一びょう。

⑤ ア 野球《やきゅう》のとう手。
　 イ 日本列《れっ》とう。

⑥ ア 親をあん心させる。
　 イ 明あんがくっきりする。

3 つぎの——の言葉を、漢字で書きなさい。（3点×4）

① しょう和という時代《じだい》。
② しょう売にはげむ。
③ しょう負にのぞむ。
④ 学校の校しょう。

4 つぎの漢字の意味《いみ》をかんたんに書きなさい。（3点×4）

〈れい〉宿→（とまるところ。）

① 世（　　）
② 童（　　）
③ 病（　　）
④ 題（　　）

時間	15分
合かく	40点
とく点	/50点

勉強した日（　月　日）

1 20 40 60 80 100 120(回)

勉強した日　月　日

時間	合かく	とく点
15分	40点	/50点

1 つぎの文の主語《しゅご》と述語《じゅつご》をぬき出して、書きなさい。ない場合には×を書きなさい。（3点×6）

① みんなで話し合えば、よい考えが出ると思います。
主語（　　）
述語（　　）

② どうしてこんなふうになったのか、この花は。
主語（　　）
述語（　　）

③ となりの家から楽しそうな声が大きく聞こえる。
主語（　　）
述語（　　）

2 （　）にあてはまる言葉《ことば》をあとからえらんで、書きなさい。（2点×5）

① いい天気ですね。（　　）、あすはひまですか。

② あのかわいい女の子は姉の子どもだ。（　　）、あの子はめいだ。

③ 知っている子が、だれもいなかった。（　　）、つまらなかった。

④ くじけそうだった。（　　）、最後《さいご》までがんばった。

⑤ もう帰るよ。（　　）、家族《かぞく》が待《ま》っているからね。

しかし	つまり	さらに
なぜなら	だから	ところで

3 [　]の言葉がかざっている言葉に、——を引きなさい。（2点×7）

① 友人に[きのう]本をかりました。

② [もっと]きれいに書くようにしましょう。

③ 父は[あす]ブラジルへ出発《しゅっぱつ》します。

④ あなたは、[あの]美《うつく》しい山の名前を知っていますか。

⑤ [たぶん]あすは昼から雨がふるでしょう。

⑥ [もちろん]わたしは遠足には行くつもりです。

⑦ [どうして]こんなことをしたのかとふしぎに思う。

4 つぎの言葉を、国語辞典《じてん》に出てくる順《じゅん》になるように、1～3の番号《ばんごう》を書きなさい。（2点×4）

① ア（　）正直者　イ（　）正月休み　ウ（　）消化

② ア（　）ピンポン　イ（　）ピッチャー　ウ（　）ピッコロ

③ ア（　）シャツ　イ（　）シャワー　ウ（　）ジャック

④ ア（　）リュックサック　イ（　）流行　ウ（　）理由

時間 15分
合かく 40点
とく点 　　50点
勉強した日（　月　日）

1 つぎのローマ字の文の中で、書き方がまちがっている言葉《ことば》を一つぬき出し、正しいローマ字で書きなさい。（2点×4）

① Takusann no tomodati ga ie ni kita.
→

② Kyô wa hayaku kaete kite ne.
→

③ Tyurippu no hana ga saku.
→

④ Tôkyô kara rondon e hikôki de iku.
→

2 つぎの——の言葉を、漢字《かんじ》で書きなさい。（2点×10）

①
ア みを守《まも》る。
イ 木のみ。

②
ア 敵《てき》をまかす。
イ 相手《あいて》をまつ。
ウ まがった線。

③
ア 花をうえる。
イ くぎをうつ。
ウ テストをうける。

④
ア 教室をつかう。
イ 主人《しゅじん》につかえる。

3 つぎの——の言葉を、漢字で書きなさい。（2点×11）

①
ア だい三者の意見《いけん》。
イ 文章《ぶんしょう》にだい名をつける。

②
ア 海のしん度をはかる。
イ しん実の物語《ものがたり》。

③
ア ぶたいにとう場する。
イ 人員《じんいん》をとう入する。
ウ とうふを買って食べる。

④
ア しょ中見まい。
イ 場しょをわきまえる。

⑤
ア 石たんをもやす。
イ 自分のたん所を見つける。

説《せつ》明《めい》文《ぶん》(1)

時間 20分　合かく 40点　とく点 ／50点　勉強した日（　月　日）

1 つぎの文章《ぶんしょう》を読んで、あとの問《と》いに答えなさい。

　はたらきバチは、朝はやくから夕方まで、花から花へみつをもとめて、巣《す》から二キロメートルにもおよぶ場所《ばしょ》をとびまわります。

　からだにみつをいっぱいためこみ、後ろ足にも花ふんダンゴをつけてとぶことは、小さいはたらきバチにとってたいへんな仕《し》事《ごと》です。

　①そのおもさにたえきれずに、力つきて地《じ》面《めん》におちてしまうハチが、たくさんいます。

　花をみつけても、ゆだんはできません。花とそっくりの色のクモが、花の上でまちぶせているかもしれません。

　巣の外には、②きけんがいっぱいです。でも、はたらきバチは、どんなきけんもおそれていません。

　はたらきバチは、自分の力で食りょうをはこばなければ、たちまち巣がほろんでしまうことをしっているのでしょうか。

　ひとつの巣は、③なん万びきというミツバチからなりたっています。このミツバチの社会には、女王バチは、一ぴきしかいません。

　女王バチのからだは、とくに大きく、ふとく長いおなかは、あかみが強いつやのあるかっ色をしています。だからたくさんのはたらきバチのなかにいても、すぐみわけがつきます。

（栗林《くりばやし》　慧《さとし》「ミツバチのふしぎ」）

(1) この文章は何について説《せつ》明《めい》していますか。あてはまる言葉《ことば》を書きなさい。（8点）

［　　　　］について。

(2) 「①そのおもさ」とありますが、何のおもさですか。二つ書きなさい。（5点×2）

（　　　　）（　　　　）

(3) 「②きけん」のれいとしてあげられているものを書きなさい。（8点）

（　　　　）

(4) はたらきバチの仕事は、どんなことですか。（8点）

（　　　　）

(5) 「③なん万びきというミツバチ」の巣には、どんなミツバチがいるのですか。（4点×2）

（　　　　）と（　　　　）

(6) たくさんのミツバチの中にいても、女王バチのみわけがすぐにつくのは、なぜですか。（8点）

（　　　　）

1 つぎの文章《ぶんしょう》を読んで、あとの問《と》いに答えなさい。

家ののき下へ、ツバメの夫婦《ふうふ》がせっせとどろをはこんでいます。この夫婦は、街灯《がいとう》の支柱《しちゅう》の上に巣《す》をつくることにきめたようです。一日め、支柱の上にすこしだけどろをもりました。かわきぐあいをみているのです。風通しのよい場所《ばしょ》では、巣のできあがりをはやめます。

二日め、三日め、朝早くから、さかんにどろをはこびます。ねばねばしたどろは、板《いた》のかべにもよくくっつきます。

四日め、そろそろ巣の形がととのってきました。からだをおりまげ、どろをくちばしでおしつけるようにして、どんどんつみかさねていきます。

そして五日め、最後《さいご》の仕上《しあ》げ。めすは巣のなかへはいり、せかせかうごきまわりながら、すわりごこちをたしかめます。

巣の内がわがすっかりかわきあがると、鳥の羽やかれ草をあつくしきつめます。

巣ができあがるのをまちかねていたように、めすは巣のなかにうずくまります。一日一こずつ、三～七このたまごをうみおとし、あたためはじめます。

春の畑《はたけ》は、レンゲの花がまっさかり。花のみつをもとめて、いろいろなこん虫がとびまわっています。

すいーと、レンゲ畑の上をツバメがいったりきたり。おすのツバメが、ミツバチやハナアブをとらえては、巣にうずくまってたまごをだいている、めすのところにはこんでいくのです。

(菅原光二《すがわらこうじ》「ツバメのくらし」)

(1) この文章は、主《おも》に何について説明《せつめい》していますか。あてはまる言葉《ことば》を書きなさい。(10点)

ツバメの □ づくりについて。

(2) (1)についての説明の順《じゅん》になるように、1～5の番号《ばんごう》を書きなさい。(完答《かんとう》・10点)

( ) どろをどんどんつみかさねる。

( ) 鳥の羽やかれ草をしきつめる。

( ) さかんにどろをはこぶ。

( ) 巣のなかのすわりごこちをたしかめる。

( ) すこしだけどろをもる。

(3) 「めすは巣のなかにうずくまります」とありますが、それはなぜですか。十字以内《いない》で書きなさい。(10点)

(4) ツバメが春の畑に行くのは、なぜですか。(10点)

( )

(5) 書かれていることと合うものを、つぎからえらんで、記号《きごう》で答えなさい。(10点)

ア ツバメがはこんでくるどろはねばねばしていてよくくっつく。

イ ツバメは体やくちばしを使《つか》って、どろをつみかさねていく。

ウ ツバメは花のみつをもとめて、レンゲの花の中をとびまわる。

( )

時間 20分
合かく 40点
とく点 /50点

勉強した日 月 日

1 20 40 60 80 100 120(回)

1 20 40 60 80 100 120(回)

時間	20分
合かく	40点
とく点	50点

勉強した日 月 日

1 つぎの文章《ぶんしょう》を読んで、あとの問《と》いに答えなさい。

鳥や大きな魚たちがちかづいてくれば、気配《けはい》をすばやく感《かん》じて、にげたり、かくれたりすることもできます。ところが、①ギンヤンマのヤゴは、水の底《そこ》で、落《お》ち葉《ば》のようになりすましています。②ミズカマキリは、かれ木の小枝《こえだ》に変身《へんしん》しています。

こうして動かずに、まちぶせをされると、つい気がつかずにちかよったとき、一瞬《いっしゅん》のうちにつかまってしまいます。

③ほかにも敵《てき》はたくさんいます。

弱いからといって、メダカは天敵《てんてき》のおもいのまま、食べられてしまうわけではありません。④生きるためのちえも、そなわっています。

群《む》れをつくって、見はらしのよい水面《すいめん》ちかくをおよいでいれば、敵の攻撃《こうげき》をいちはやく知ることができます。

敵からのがれるための、すばしこい動《うご》きや、相手《あいて》をけむにまいて物《もの》かげにかくれる術《すべ》も知っています。

しかし、かくれても、ゲンゴロウのような、においでえものをさがす敵もいるので、メダカは安心《あんしん》できません。

天敵たちにつかまるといっても、群れの中の、一部《いちぶ》のものです。つぎつぎと産卵《さんらん》するメダカは、⑤そんなことでは全《ぜん》めつしません。

(草野慎二《くさのしんじ》「メダカのくらし」)

(1) この文章は、何について書かれていますか。あてはまる言葉《ことば》を書きなさい。(5点×2)

□が、□からのがれて生きるためのちえ。

(2) 「①ギンヤンマのヤゴ」や「②ミズカマキリ」は、どんなことを説明《せつめい》するためのれいですか。(10点)

(　　)

(3) 「③ほかにも敵はたくさんいます」とありますが、ほかにどんな敵があげられていますか。(8点)

(　　)

(4) 「④生きるためのちえ」とは、どのようにすることですか。三つ書きなさい。(4点×3)

(　　)

(　　)

(　　)

(5) 「⑤そんなこと」は、どんなことを指《さ》していますか。(10点)

(　　)

時間	合かく	とく点
20分	40点	/50点

勉強した日〔　月　日〕

1 つぎの文章《ぶんしょう》を読んで、あとの問《と》いに答えなさい。

海すいよくやしおひがりにいったとき、海の水がひいて、むちゅうで、かいをひろったことがあるでしょう。

海の水がひいたりみちたりするのは、月と太陽《たいよう》の①いたずらなのだ、というと、きみはびっくりするかもしれませんが、じつは、ほんとうのことなのです。

月は、地球《ちきゅう》のまわりをまわり、地球は太陽のまわりをまわります。月も太陽も、おたがいにじぶんのほうへ、ひっぱろうとする力、②いん力をもっていて、地球の海の水をひっぱりあいます。

でも、太陽より月のほうがちかいので、月のあるほうに海の水がひっぱられて、もちあがります。また地球のはんたいがわでは、まわる地球にふりまわされた水が、やっぱりもちあがります。そうすると、地球のりょうがわで、海の水がもちあがっていることになりますね。

ところが、ほかのりょうがわでは、そのもちあがったぶんだけ、へることになります。

このもちあがったところが、みちしおになったところで、へったところが、ひきしおというわけです。

地球は、一日一かい、じぶんでひとまわりするので、どこの海べでも一日に二かい、みちしおとひきしおがおこるのです。

（藤井《ふじい》　旭《あきら》「月をみよう」）

(1) 「①いたずら」のここでの意味《いみ》としてよいものをつぎからえらんで、記号《きごう》で答えなさい。（10点）

ア あやまり
イ はたらき
ウ ぐうぜん

（　　）

(2) 「②いん力」とはどのような力ですか。（10点）

（　　　　　　）

(3) 海の水がもちあがるのは、なぜですか。二つ書きなさい。（5点×2）

（　　　　　　）

（　　　　　　）

(4) 地球のりょうがわで、海の水がもちあがると、ほかのりょうがわの海の水はどうなりますか。（10点）

（　　　　　　）

(5) 海の水がもちあがったところ、へったところは、それぞれ何とよばれますか。（5点×2）

もちあがったところ……［　　　　］

へったところ……［　　　　］

標準レベル

57 説《せつ》明《めい》文《ぶん》(3)

時間 20分
合かく 40点
とく点 　　50点
勉強した日（　月　日）

1 つぎの文章《ぶんしょう》を読んで、あとの問《と》いに答えなさい。

ブナは、秋に実《み》をつけ、五、六年おきに大豊作《だいほうさく》になります。ここでは、実がおち、芽《め》をだし、生長する過程《かてい》をおってみましょう。

地面《じめん》に実がおちます。森の状態《じょうたい》にもよりますが、その実の半数は動物《どうぶつ》に食べられたり、くさったりします。残《のこ》りの半数が冬をこし、春に雪どけ水をすって、いっせいに芽ばえます。でも、ようやくでた葉《は》も、大半はノネズミなどに食べられて、枯《か》れてしまいます。

運《うん》よく残ったブナの幼《おさな》い木は、大木のかげでわずかな日光をうばいあいながら生長しますが、二～五年のあいだにさらにその数はへり、さいごに生き残った幼い木が若《わか》木に育《そだ》っていくのです。

やがてブナの大木は年老《としお》いて力つき、たおれます。すると森の天井《てんじょう》にぽっかりあながあき、それまで日のよくあたらなかった若木に大量《たいりょう》の日がさします。若木はこのときとばかりに生長をはじめます。

若木は、日光と根《ね》からすいあげた水と、大気からとりいれた二酸化炭素《にさんかたんそ》を原料《げんりょう》にして、生長に必要《ひつよう》な栄養分《えいようぶん》をつくりだします。そのとき大気中に新鮮《しんせん》な酸素《さんそ》がはきだされます。このしくみを光合成《こうごうせい》といい、ブナの木をはじめ、森のあらゆる植物《しょくぶつ》は光合成をすることで幹《みき》を太らせ、枝《えだ》をしげらせ、実をみのらせるのです。

（太田《おおた》威《たけし》「ブナの森は緑《みどり》のダム」―森林の研究―）

(1) この文章は何について説明《せつめい》していますか。(10点)

（　　　　）

(2) ブナの実についてつぎから正しいものをえらんで、記号《きごう》で答えなさい。(10点)

ア 動物に食べられた実のうちの半数が、つぎの年に芽を出すことができる。
イ 地面におちた実のうち、生き残った半数が芽を出す。
ウ 地面におちた実のうちの大半が、ノネズミなどに食べられる。

（　　）

(3) 芽生えたブナの木は、その後どうなりますか。つぎからえらんで、記号で答えなさい。(10点)

ア しだいに数がへり、さいごに生き残ったものが若木に育つ。
イ わずかな日光にあたったものだけが全《ぜん》部《ぶ》生き残る。
ウ 大量の日光にあたって、ほとんどが若木に生長する。

（　　）

(4) ブナの大木がたおれると、若木はどのようになりますか。(10点)

（　　　　）

(5) 植物は生長するために、何をおこなっていますか。三字で書きなさい。(10点)

□□□

1 次の文章を読んで、あとの問いに答えなさい。

① よう虫は、キャベツなどを食べ始《はじ》めると体が緑色《みどりいろ》に変《か》わるので、青虫とよばれます。よう虫はどんどん育《そだ》ちます。ところが、体の皮《かわ》がじょうぶにできていてのびないので、きゅうくつになります。そこで、よう虫は、体に合わなくなった皮をぬぎすてます。この皮の内側《うちがわ》に、前もって新しい皮ができているのです。

② モンシロチョウのたまごは、産《う》みつけられて三日ほどたつと、黄色い毛虫がたまごの上のほうを食いやぶって出てきます。よう虫です。①このよう虫がまず食べるのは、たまごのからです。からにえいようがあるためだとか、いどころをてきに知られないようにするためだとかいわれています。

③ つごうのいい場所を見つけると、よう虫は口から糸をはき出し、この糸で体をしっかりささえます。そして、次の日に、もう一度皮をぬいで、さなぎになります。五月ごろの気温なら、産みつけられたたまごがさなぎになるまで、二十日ぐらいかかります。

④ さなぎになって約《やく》一週間後、皮をとおして中の白いはねがすけて見えるようになると、次の日にはからにわれめができて、そこから成虫《せいちゅう》が出てきます。モンシロチョウのたん生です。

⑤ 四回皮をぬいだよう虫は、まもなく食べるのをやめて、さなぎになるための場所をさがし始めます。②このころのよう虫は、毛虫のときとくらべて体長で約二十倍《ばい》、体重で八千倍以上にもなっています。

---

(1) この文章を正しい順にならびかえなさい。(10点)

（　）→（　）→（　）→（　）→（　）

(2) 「①このよう虫がまず食べるのは、たまごのからです。」とありますが、どのような理由が考えられますか。二つ答えなさい。(10点)

（　　　）

（　　　）

(3) 「②このころ」とありますが、いつごろのことですか。(10点)

（　　　）ころ

(4) モンシロチョウがたまごから成虫になるまで、どのように変化しますか。（　）にあてはまる言葉を書きなさい。(10点)

たまご→（　　）→青虫→（　　）→成虫
（よう虫）

(5) この文章の説明《せつめい》とあっているものをつぎからえらんで、記号で答えなさい。(10点)

ア よう虫は、古い皮をぬぎすてて大きくなっていく。

イ モンシロチョウのたまごが成虫になるまでには二十日ぐらいかかる。

ウ さなぎの皮がモンシロチョウのはねになる。

エ 四回皮をぬぐとよう虫は、たまごの二十倍の重さになっている。

（　　）

時間	20分
合かく	40点
とく点	/50点

勉強した日（　月　日）

標準レベル

59 説明文《せつめいぶん》(4)

時間 20分
合かく 40点
とく点 ／50点

勉強した日（　月　日）

1 つぎの文章《ぶんしょう》を読んで、あとの問《と》いに答えなさい。

［筆者《ひっしゃ》はテラリウム（虫を飼《か》う箱《はこ》）の中で、トンボを育《そだ》てています。］

幼虫《ようちゅう》が順調《じゅんちょう》に育って、六月になると、待《ま》ちに待った羽化《うか》*が始《はじ》まった。出てきたトンボを見ると、自然《しぜん》のものよりいくらか小さいようだ。幼虫時代《じだい》のえさが、たりなかったのかもしれない。

さて、成虫《せいちゅう》のえさをどうするか。①わたしはまたこまってしまった。生きているカなどがいちばんいいのだが、カを生きたままたくさんつかまえるなんて、なかなかむずかしい。頭をかかえこんでいるうちに、〝自然〟はまた、わたしに②解決方法《かいけつほうほう》を教えてくれた。

メスが卵《たまご》をうむのは、しめった、やわらかな葉《は》だということは、去年《きょねん》の観察《かんさつ》でわかったのだが、小さなイチゴ容器《ようき》の中だけでは、③そんなおあつらえむきの葉はなさそうだ。それで、メスの産卵場所《さんらんばしょ》のために、バナナやスイカの皮《かわ》を入れてみたのだ。すると、くだものの皮のくさったにおいにひかれて、ショウジョウバエが金網《かなあみ》の目をくぐって入りこみ、トンボよりひと足先に、くだものの皮に卵《たまご》をうみつけていった。トンボは、飛《と》びこんでくるショウジョウバエばかりでなく、テラリウムの中で生まれてくるショウジョウバエまで、食べることができるようなったというわけ。

（廣瀬《ひろせ》 誠《まこと》「トンボの引っこし」）

＊羽化…こん虫がさなぎから羽のはえた成虫になること。

(1) 「①わたしはまたこまってしまった」とありますが、筆者は、どのようなことにこまったのですか。（10点）

（　　　　）

(2) 成虫のえさとして、何があげられていますか。二つ書きなさい。（5点×2）

（　　　　）（　　　　）

(3) 「②解決方法」とありますが、どのように解決していきましたか。（　）にあてはまる言葉《ことば》を書きなさい。（5点×4）

（　　　　）←（　　　　）←（　　　　）←（　　　　）

(4) 「③そんなおあつらえむきの葉」とありますが、何を指《さ》していますか。文章中からぬき出して答えなさい。（10点）

（　　　　）

時間	合かく	とく点
20分	40点	/50点

勉強した日〔　月　日〕

1 つぎの文章《ぶんしょう》を読んで、あとの問《と》いに答えなさい。

直立することで、ヒトの生活はすっかり変《か》わりました。

いちばんたいせつなことは、①直立したため、ヒトの手や腕《うで》が自由《じゆう》になり、まったく新しい仕事《しごと》をするようになったことです。

手に石をもって投《な》げたり、棒《ぼう》をにぎって動物《どうぶつ》と戦《たたか》ったりします。いろいろな道具《どうぐ》をつくり、そして、つかいます。

石で刃物《はもの》をつくり、これで食物《しょくもつ》を切り、手で口までもっていくようなったので、ヒトの口は小さくてすむようになりました。獲物《えもの》を背中《せなか》にせおって、家族《かぞく》のもとへ運《はこ》びます。おかげで、ヒトの生活も、体も、大きく変わることができました。

今日、ヒトは他《た》の動物たちと、大きく異《こと》なった活動をし、また、ほかにはない社会にくらしていますが、それらはすべて、ヒトが②直立姿勢《しせい》をとったことからはじまったのです。

［　　］、直立したことは、③ヒトによいことばかりもたらしたわけではありません。

一般《いっぱん》の動物の胴体《どうたい》は、水平《すいへい》です。胃《い》や腸《ちょう》など、内臓《ないぞう》は、この胴体の内部《ないぶ》に、前後にならんでいます。ところが、直立したヒトでは、これらの内臓は、上下に重《かさ》なります。下の内臓には、大きな重みが加《くわ》わります。

（香原志勢《こうはらゆきなり》「二本足で立ってどういうこと？」）

(1) ①「まったく新しい仕事をするようになった」ことで、ヒトはどのようになりましたか。そのことをまとめている文を見つけて、はじめの四字を書きなさい。（10点）

［　　　　］

(2) ②「直立姿勢」は、ヒトに何をもたらしたと言っていますか。二つのことがらを書きなさい。（6点×2）

（　　　　）
（　　　　）

(3) 文章中の［　］にあてはまる言葉《ことば》をつぎからえらんで、記号《きごう》で答えなさい。（8点）

ア それで　イ しかし　ウ さらに

（　　）

(4) ③「よいことばかりもたらしたわけではありません」とありますが、どのような悪《わる》いことをあげていますか。（8点）

（　　　　）

(5) この文章は、主《おも》に何についてのべていますか。あてはまる言葉を書きなさい。（4点×3）

ヒトが［　　　］をとったことでの［　　］点と［　　］点について。

61 最上級レベル 7

時間 20分
合かく 40点
とく点 ／50点

勉強した日 月 日

1 つぎの文章《ぶんしょう》は、「クロコノマチョウ」の越冬《えっとう》（冬ごし）について説明《せつめい》したものです。**これを読んで、あとの問《と》いに答えなさい。**

もし、越冬場所《ばしょ》が、気温《きおん》が上がりやすいところだったら、三月ごろには目ざめて、活動《かつどう》することになるでしょう。ところが、その時期《じき》には、幼虫《ようちゅう》のえさになるジュズダマやススキなどの葉《は》は、まだじゅうぶんにのびていません。そんなときに目ざめてたまごを産《う》んでしまったら、たとえたまごがかえっても、えさがなくて、幼虫は育《そだ》つことができません。

冬越《ふゆご》しからの目ざめは、ジュズダマやススキなどがじゅうぶんに育つのを待《ま》ってからのほうがつごうがいいのです。そうしたことから考えると、越冬場所も、林の中の、日あたりがわるく気温の上がりにくいところをえらんでいるにちがいありません。

いくらあたたかな＊大磯《おおいそ》町でも、真冬《まふゆ》になると霜柱《しもばしら》ができる日があります。そんな寒《さむ》さの冬を、クロコノマチョウは成虫《せいちゅう》のまま春まで眠《ねむ》るという方法《ほうほう》でやりすごします。

つまり、秋になって、気温が下がると体温も下がりはじめ、動《うご》きがにぶり、やがて動けなくなって、そのまま眠りにはいるのです。そして、春、気温が高くなると体温も上がり、目ざめます。

（岸《きし》 一弘《かずひろ》「虫たちはどこへいくのか」）

＊大磯町…神奈川県《かながわけん》にある町。

(1) クロコノマチョウの成虫が冬をこす場所は、どんなところですか。（10点）

（　　　）

(2) (1)の場所にするのは、なぜですか。つぎから正しい理由《りゆう》をえらんで、記号《きごう》で答えなさい。（10点）

ア 敵《てき》に見つかりにくいため。
イ えさがそばにあるため。
ウ 早く目ざめすぎないため。

（　　　）

(3) 「その時期」とは、いつのことですか。四字でぬき出しなさい。（10点）

(4) クロコノマチョウの成虫が目ざめるのにつごうがいいのは、どんなときですか。（10点）

春になって、気温が高くなり、

（　　　）

(5) (4)のときがつごうがいいのは、なぜですか。つぎから正しい理由をえらんで、記号で答えなさい。（10点）

ア あたたかくなると、じゅうぶんに活動することができるから。
イ たまごからかえった幼虫にえさがあるから。
ウ 急に気温が下がると、眠りにはいってしまうから。

（　　　）

時間	20分
合かく	40点
とく点	50点

勉強した日（　月　日）

1 つぎの文章《ぶんしょう》を読んで、あとの問《と》いに答えなさい。

外での作業《さぎょう》のときに、雨や風を防《ふせ》いだり、寒《さむ》さしのぎに利用《りよう》されていた蓑《みの》や笠《かさ》。もう見かけなくなってしまった。その編《あ》み方《かた》は、地方地方によってちがっていて、①まるで芸《げい》術品《じゅつひん》だった。ワラのないところでは、木の皮《かわ》や草、シュロの皮などでつくられていた。

②「てご」と呼《よ》ばれる入れものがあった。田んぼや畑《はたけ》に出るときに、農具《のうぐ》やお弁当《べんとう》などを入れてもっていき、帰りには収穫《しゅうかく》したものを入れてもってかえるために使《つか》われた。入れるものに応《おう》じて、さまざまな大きさのものがつくられた。

ほかに、俵《たわら》、むしろ、わらぼうき、背中《せなか》あてなど、とにかくたくさんの種類《しゅるい》があった。これらは、民俗資料館《みんぞくしりょうかん》などというところに行けば、よくおいてある。いまの道具に慣《な》れたあなたたちにとっては、古くさいし、きたなく見えるかもしれないが、昔《むかし》の人にとってはほんとうに生活になくてはならない用具だったのだ。

昔は、ワラぶき屋根《やね》や土壁《つちかべ》など、住宅《じゅうたく》にも稲《いね》ワラは使われていた。土壁には、土だけでは弱いので、そのつなぎに使われていたのだ。いまでも古い家を壊《こわ》したときに、土壁をくずしてみると、中からワラの切ったものがよく出てくるだろう。また「わら半紙」という名前があるように、紙もワラの繊維《せんい》でできていた。

（西沢江美子《にしざわえみこ》「米をつくる　米でつくる」）

(1) この文章は何について説明していますか。あてはまる言葉《ことば》を書きなさい。（10点）

昔の［　　　］について。

(2) 「①まるで芸術品だった」とは、どんなことを表《あらわ》していますか。つぎからえらんで、記号《きごう》で答えなさい。（10点）

ア 有名《ゆうめい》な人がこぞって作ったものであること。

イ たいへん高い値段《ねだん》がつけられるものであること。

ウ ほかには見られないほど見事《みごと》なものであること。

（　　）

(3) 「②『てご』と呼ばれる入れもの」とは、それを使っていた人たちにとって、どんなものだったと言っていますか。（8点）

（　　　　　　　　）

(4) 昔の人が使っていた用具は、どんな物を材料《ざいりょう》にして作られていましたか。文章中から四つ見つけて書きなさい。（3点×4）

（　　）（　　）（　　）（　　）

(5) この文章にあてはまるものをつぎからえらんで、記号で答えなさい。（10点）

ア わら半紙はワラをたばねたものだ。

イ 昔の人はとぼしいものをくふうして、べんりなものをつくっていた。

ウ むしろやわらぼうきは古くさいが、今のものよりもべんりである。

（　　）

標準レベル

63 部首《ぶしゅ》・筆順《ひつじゅん》・画数 (1)

1 つぎの漢字《かんじ》の部首《ぶしゅ》を□に書き、その部首名をあとからえらんで、記号《きごう》を（　）に書きなさい。(1点×20)

	部首	部首名
① 植…	□	（　）
② 都…	□	（　）
③ 返…	□	（　）
④ 油…	□	（　）
⑤ 住…	□	（　）
⑥ 葉…	□	（　）
⑦ 礼…	□	（　）
⑧ 度…	□	（　）
⑨ 投…	□	（　）
⑩ 登…	□	（　）

ア はつがしら　イ きへん
ウ くさかんむり　エ てへん
オ しんにょう　カ まだれ
キ さんずい　ク おおざと
ケ しめすへん　コ にんべん

2 つぎの漢字の↓の部分《ぶぶん》は何画目に書きますか。数字で答えなさい。(3点×4)

① 医（　）画目
② 代（　）画目
③ 受（　）画目
④ 世（　）画目

3 つぎの漢字の画数を数字で書きなさい。(1点×10)

① 反（　）画
② 号（　）画
③ 守（　）画
④ 岸（　）画
⑤ 息（　）画
⑥ 開（　）画
⑦ 鼻（　）画
⑧ 農（　）画
⑨ 題（　）画
⑩ 調（　）画

4 つぎの漢字を、画数の少ないものから多いものへという順《じゅん》になるように、数字を書きなさい。(4点×2)

①
（　）係
（　）皿
（　）章
（　）州
（　）豆

②
（　）詩
（　）味
（　）歯
（　）横
（　）酒

時間 15分
合かく 40点
とく点　　　/50点
勉強した日（　月　日）

部首《ぶしゅ》・筆順《ひつじゅん》・画数 (1)

1 つぎの漢字《かんじ》の部首名《ぶしゅめい》をあとからえらんで、書きなさい。（2点×9）

① 級（　　）
② 列（　　）
③ 放（　　）
④ 役（　　）
⑤ 国（　　）
⑥ 笛（　　）
⑦ 談（　　）
⑧ 遊（　　）
⑨ 軽（　　）

りっとう	がんだれ	ごんべん
いとへん	しんにょう	のぶん
たけかんむり	ぎょうにんべん	
くにがまえ	くるまへん	

2 つぎの漢字の書き順《じゅん》の正しいほうに、○をつけなさい。（2点×5）

① 平　ア（　）一 丆 丷 亚 平　イ（　）一 丅 亍 亚 平
② 氷　ア（　）亅 刁 氺 水 氷　イ（　）亅 亅 丬 氺 氷
③ 由　ア（　）丨 冂 巾 由 由　イ（　）丨 刂 巾 由 由
④ 安　ア（　）丶 丷 宀 宀 安 安　イ（　）丶 丷 宀 宀 安 安
⑤ 身　ア（　）ノ 亻 冂 身 身 身 身　イ（　）ノ 亻 冂 自 身 身

3 つぎの漢字の中から、画数がことなるものを一つずつえらんで、記号《きごう》で答えなさい。（2点×5）

① ア 全　イ 羊　ウ 申　エ 両（　　）
② ア 所　イ 美　ウ 者　エ 昔（　　）
③ ア 和　イ 宮　ウ 島　エ 庫（　　）
④ ア 深　イ 転　ウ 暑　エ 問（　　）
⑤ ア 橋　イ 様　ウ 銀　エ 練（　　）

4 つぎの漢字の部首名と画数を、それぞれ書きなさい。（2点×6）

① 陽　（部首名）（　　）　（画数）（　　）画
② 起　（部首名）（　　）　（画数）（　　）画
③ 帳　（部首名）（　　）　（画数）（　　）画

時間	15分
合かく	40点
とく点	／50点

勉強した日（　月　日）

標準レベル

65 部首《ぶしゅ》・筆順《ひつじゅん》・画数 (2)

時間 15分
合かく 40点
とく点 　／50点
勉強した日〔　月　日〕

1 つぎの漢字《かんじ》の↓の部分《ぶぶん》は何画目に書きますか。数字で答えなさい。(3点×5)

① 央 (　　)画目
② 死 (　　)画目
③ 君 (　　)画目
④ 登 (　　)画目
⑤ 族 (　　)画目

2 つぎの漢字の画数を足すと、いくつになりますか。数字で答えなさい。(2点×3)

① 反＋世＋苦＝(　　)
② 豆＋品＋消＝(　　)
③ 主＋丁＋動＝(　　)

3 つぎの上の部首《ぶしゅ》と下の漢字とを組み合わせて、べつの漢字を作りなさい。(3点×5)

① 宀　寺
② 木　求
③ 广　主
④ ⺮　女
⑤ 王　車

① □　② □　③ □　④ □　⑤ □

4 つぎの漢字の部首名をそれぞれ書きなさい。また、それぞれの部首にあてはまるものを、あとからえらんで、記号《きごう》で答えなさい。(1点×14)

① 急　部首名(　　)　記号(　　)
② 度　部首名(　　)　記号(　　)
③ 間　部首名(　　)　記号(　　)
④ 送　部首名(　　)　記号(　　)
⑤ 湯　部首名(　　)　記号(　　)
⑥ 客　部首名(　　)　記号(　　)
⑦ 取　部首名(　　)　記号(　　)

ア へん
イ つくり
ウ かんむり
エ あし
オ たれ
カ にょう
キ かまえ

部首《ぶしゅ》・筆順《ひつじゅん》・画数 (2)

1 20 40 60 80 100 120(回)

時間	15分
合かく	40点
とく点	/50点

勉強した日（　月　日）

1 つぎの漢字《かんじ》のそれぞれについて、部首《ぶしゅ》の画数（ア）と、部首ではない部分《ぶぶん》の画数（イ）を、数字で書きなさい。（1点×10）

① 院　ア（　）　イ（　）
② 終　ア（　）　イ（　）
③ 開　ア（　）　イ（　）
④ 局　ア（　）　イ（　）
⑤ 配　ア（　）　イ（　）

2 つぎの漢字のそれぞれについて、五画目に書く部分をえん筆《ぴつ》で太くなぞりなさい。（2点×6）

① 州　② 返
③ 表　④ 重
⑤ 宮　⑥ 祭

3 つぎの漢字の部首名を書きなさい。（1点×10）

① 雪（　）
② 悪（　）
③ 究（　）
④ 秒（　）
⑤ 転（　）
⑥ 頭（　）
⑦ 点（　）
⑧ 勉（　）
⑨ 始（　）
⑩ 区（　）

4 つぎの部首をもつ漢字を、それぞれ一つずつ書きなさい。（1点×6）

① うかんむり □
② ぎょうにんべん □
③ しめすへん □
④ ごんべん □
⑤ かねへん □
⑥ ひへん □

5 つぎの漢字の部首を□に書き、その部首の意味《いみ》としてよいものをあとからえらんで、（　）に書きなさい。（1点×12）

① 湖 □（　）
② 打 □（　）
③ 調 □（　）
④ 仕 □（　）
⑤ 宮 □（　）
⑥ 薬 □（　）

植物　人　手　家　水　言葉

標準レベル

67 こそあど言葉《ことば》(2)

時間	合かく	とく点
15分	40点	／50点

勉強した日（　月　日）

1 つぎの文章《ぶんしょう》の——が指《さ》ししめしている言《こと》葉《ば》を、ぬき出しなさい。（3点×5）

① あなたは絵をかいているんですね。それを見せてください。（　　）

② ここにケーキがあります。これはおばあちゃんのおみやげです。（　　）

③ 校庭《こうてい》の反対《はんたい》がわに大きな木がありますね。あれはさくらの木です。（　　）

④ この先の道は工事中《こうじちゅう》です。そちらには行かないようにしてください。（　　）

⑤ 大きい池がありますね。ここにはたくさん魚がいそうですね。（　　）

2 つぎの文章の——が指ししめしている言葉を、□でかこみなさい。ただし、かざり言葉ははぶくこととします。（3点×4）

① 真《ま》っ赤《か》な太陽《たいよう》がのぼり始《はじ》めています。あれを写真《しゃしん》にとっておこう。

② ふとしたことに気づいて、それが気になってしかたありません。

③ わたしのたん生日が近くなってうれしいです。その日には、たくさん友だちが集《あつ》まります。

④ 先生の言うとおりにしようとしたが、なかなかそうはできませんでした。

3 つぎの文章の——が指ししめしている言葉を、□でかこみなさい。ただし、かざり言葉もふくみ、もっとも長くかこむこととします。（3点×5）

① 背《せ》の高い男の子が歩いてきます。あれは、たかし君《くん》のお兄さんです。

② お店でとてもかわいい人形を売っていました。かあさんにたのんで、今度《こんど》それを買ってもらおうと思います。

③ わたしの町の中央《ちゅうおう》には大きな川が流《なが》れています。そこはあぶないので、子どもだけで行ってはいけないと言われています。

④ 赤くて大きな花と白くて小さな花がならんでさいています。それらはとてもかわいいです。

⑤ お父さんが、おみやげにめずらしいくだものをたくさん買ってきてくれました。かあさんはそれらを近所《きんじょ》の人に配《くば》りました。

4 あてはまる言葉を（　）の中からえらんで、○でかこみなさい。（4点×2）

① これはわたしのへやです。だから勝手《かって》に（あれ　ここ　そこ　どこ）に入らないでね。

② アイスクリームやチョコレートなどたくさんあります。（これ　あれ　そこ　どれ）がいいですか。

こそあど言葉《ことば》(2)

時間 15分　合かく 40点　とく点 ／50点

勉強した日（　月　日）

1 つぎの文章中《ぶんしょうちゅう》の（　）にあてはまる言《こと》葉《ば》をあとからえらんで、記号《きごう》で答えなさい。（4点×6）

① （　　）があなたの本ですか。これですか、あれですか。

② さっきだれかたずねてきました。（　　）人はとうさんの知り合いでした。

③ 遠くにけむりが見えますね。（　　）はいったい何でしょうか。

④ これは食べたいけど、あれは食べたくないなんて、（　　）ことを言ってはいけません。

⑤ さあ、いすを用意《ようい》しましたよ。（　　）に来てすわってください。

⑥ （　　）するのはできますか。右うでと左うでを同時にちがう方向《ほうこう》に回すのです。

ア その　**イ** どれ　**ウ** ここ　**エ** そんな　**オ** こう　**カ** あれ

2 つぎの問《と》いに答えなさい。（2点×4）

(1) 自分から見て、いちばん近いものを指《さ》ししめすときに用いる言葉をえらんで、○でかこみなさい。

① これ　それ　あれ　どれ

② ここ　そこ　あそこ　どこ

(2) 自分から見て、いちばん遠いものを指ししめすときに用いる言葉をえらんで、○でかこみなさい。

① この　その　あの　どの

② こちら　そちら　あちら　どちら

3 つぎの文章の——の言葉が指している内ようを、それぞれ決められた字数以内《いない》で書きなさい。（6点×3）

① 家族《かぞく》で近くの公園へ行って、お昼ごはんを食べました。うちではそんなことをよくします。（二十五字まで）

② わたしは鳥がすきなので、大きくなったら鳥にかんけいした仕事《しごと》について、はたらきたいと思っています。それがわたしのゆめです。（二十五字まで）

③ 牧場《ぼくじょう》に行って、子馬たちが元気よく走《はし》ったり、人を乗《の》せて歩いたりするのを見ました。わたしはそんなものを見たことがなかったので、たいへん感動《かんどう》しました。（三十字まで）

慣《かん》用《よう》句《く》

時間 15分　合かく 40点　とく点 　/50点
勉強した日〔　月　日〕

1 20 40 60 80 100 120（回） GOAL

1 つぎの（　）にあてはまる言葉《ことば》をあとからえらんで、記号《きごう》で答えなさい。（2点×6）

① （　）二つ
② （　）を売る
③ （　）の道
④ かりてきた（　）
⑤ （　）を正《ただ》す
⑥ うの目（　）の目

ア いばら　イ ねこ　ウ えり　エ うり　オ たか　カ 油《あぶら》

2 つぎの（　）には体の一部《いちぶ》を表《あらわ》す言葉が入ります。それぞれ漢字《かんじ》で書きなさい。（2点×6）

① （　）にあせをにぎる
② （　）をかたむける
③ （　）を引っぱる
④ （　）をひねる
⑤ （　）もくれない
⑥ （　）をつぶす

3 つぎの（　）に漢数字を入れて、慣用《かんよう》句《く》を完成《かんせい》させなさい。（2点×4）

① （　）びょうしそろう
② 一も（　）もなく
③ （　）歩も引かぬ
④ （　）つ当たり

4 つぎの慣用句の意味《いみ》をあとからえらんで、記号で答えなさい。（2点×6）

① しのぎをけずる（　）
② そでにする（　）
③ てんてこまい（　）
④ さじを投《な》げる（　）
⑤ つむじ曲《ま》がり（　）
⑥ 気が引ける（　）

ア なんとなく気おくれがする。
イ そまつにあつかう。
ウ だめだとあきらめて、とちゅうでやめる。
エ たいへんいそがしい。
オ 相手《あいて》に負《ま》けまいとはげしくあらそう。
カ ひねくれていて、すなおでない。

5 つぎの文の（　）にあてはまる慣用句をあとからえらんで、記号で答えなさい。（2点×3）

① うまい話を聞かされたので、つい（　）。
② ぜったいにまちがいないと（　）。
③ たいしたことないと（　）。

ア たいこばんをおす
イ かたずをのむ
ウ しり馬に乗《の》る
エ 高《たか》をくくる

慣《かん》用《よう》句《く》

1 つぎの（　）にあてはまる言葉《ことば》をあとからえらんで、記号《きごう》で答えなさい。（2点×6）

① 血《ち》も（　）もないふるまいだ。

② 会場は（　）をうったようなしずけさだった。

③ 長い坂《さか》を歩いて上るのは、（　）がおれる。

④ 君《きみ》にそんな言われ方をされては、身《み》も（　）もない。

⑤ 話を聞いて、やっと安心《あんしん》できたので、これで（　）を高くしてねむられる。

⑥ どうしてもほしいと思って、（　）をくわえて見ている。

ア ふた　イ 水　ウ まくら　エ なみだ　オ ほね　カ 指《ゆび》

2 つぎの文のうち、——の慣用句《かんようく》の使《つか》い方《かた》がまちがっているものをえらんで、×をつけなさい。（2点×4）

① （　）矢もたてもたまらず急《いそ》いで出かけて行った。

② （　）湯水《ゆみず》のように使《つか》っていたら、たくさんあまってしまった。

③ （　）やぶへびなことをしておこられた。

④ （　）たずねた家で門前ばらいをされて、中にまねき入れられた。

3 つぎの慣用句の意味《いみ》をあとからえらんで、記号で答えなさい。（3点×6）

① 横《よこ》やりを入れる（　）

② 水に流《なが》す（　）

③ へそで茶をわかす（　）

④ 虫のいどころが悪《わる》い（　）

⑤ 二の足をふむ（　）

⑥ 鬼《おに》の首をとったよう（　）

ア 大きな手がらを立てたように、とくいになる様子《ようす》。

イ おかしくてたまらない。

ウ きげんが悪くておこりっぽい。

エ わきから口を出す。

オ 気が進《すす》まず、ぐずぐずする。

カ すんでしまったことはとがめだてはしない。

4 つぎの文の（　）にあてはまる言葉を、漢字《かんじ》で書きなさい。（3点×4）

① 兄は、自分の思うとおりになったので、（　）に乗《の》っている。

② とてもいい人だけど、時々じまんするのが（　）にきずだ。

③ あの人のゆうかんな行いには、本当《ほんとう》に（　）が下がる。

④ 二人はまったく気が合わないので、まさに（　）と油《あぶら》だ。

1 20 40 60 80 100 GOAL 120（回）

勉強した日（　月　日）

時間	15分
合かく	40点
とく点	/50点

71 最上級レベル 9

時間 15分
合かく 40点
とく点 /50点
勉強した日（ 月 日）

1 つぎの漢字《かんじ》の↓の部分《ぶぶん》は何画目に書きますか。数字で答えなさい。（2点×5）

① 問（ ）画目
② 委（ ）画目
③ 階（ ）画目
④ 配（ ）画目
⑤ 医（ ）画目

2 つぎの漢字の部首名《ぶしゅめい》を書きなさい。（1点×10）

① 登（ ）
② 反（ ）
③ 族（ ）
④ 配（ ）
⑤ 君（ ）
⑥ 部（ ）
⑦ 聞（ ）
⑧ 美（ ）
⑨ 空（ ）
⑩ 列（ ）

3 つぎの漢字の画数を書きなさい。（2点×7）

① 農（ ）画
② 集（ ）画
③ 館（ ）画
④ 着（ ）画
⑤ 福（ ）画
⑥ 遊（ ）画
⑦ 港（ ）画

4 つぎの文章《ぶんしょう》の——の言葉《ことば》が指《さ》している内容を、それぞれ決《き》められた字数以内《いない》で書きなさい。（4点×2）

① どうしても自分の思うようにならないからといって、あせってはいけません。<u>それ</u>をぐっとこらえることが大切です。（二十字まで）

② 人間にとって大切なことはいろいろありますが、なかでも、いつも正直にしているのが大切だとわたしは思います。<u>そうする</u>のはかんたんなようで、なかなかむずかしいことです。（十五字まで）

5 つぎの文の（ ）にあてはまる言葉を書き入れて、慣用句《かんようく》を完成《かんせい》させなさい。（2点×4）

① 長年やっているので、（ ）についてきた。
② お世話《せわ》になった人に（ ）を引くようなまねをしてはいけない。
③ 話に（ ）がさいて、いつまでも帰らなかった。
④ 自分のことばかり考えて、（ ）がいいとせめられた。

勉強した日（　月　日）

時間 15分　合かく 40点　とく点 ／50点

1 つぎの漢字《かんじ》の部首名《ぶしゅめい》（ア）を書きなさい。また、部首でない部分《ぶぶん》の画数（イ）を書きなさい。（2点×8）

① 駅　ア（　　）　イ（　）画

② 箱　ア（　　）　イ（　）画

③ 想　ア（　　）　イ（　）画

④ 病　ア（　　）　イ（　）画

2 つぎの文章《ぶんしょう》の――の言葉《ことば》が指《さ》している内ようを、それぞれ書きなさい。ただし、かざり言葉もふくみ、もっとも長く書くこととします。（6点×2）

① 昔《むかし》の日本の家庭《かてい》では、父親がとても強い力をもっていて、家族《かぞく》のだれもさからうことができませんでした。今ではそのようなことはもう見られません。

（　　　　）

② 人にはそれぞれ運命《うんめい》というものがあるのでしょうか。人はそうしたことにさからえないものなのでしょうか。

（　　　　）

3 つぎの意味《いみ》に合う慣用句《かんようく》をあとからえらんで、記号《きごう》で答えなさい。（2点×6）

① なっとくできない（　）

② 今にも死《し》にそうである（　）

③ なかだちをする（　）

④ 身内《みうち》のものだけである（　）

⑤ 欠点《けってん》を見つけ出して、けなす（　）

⑥ まちがった者《もの》をしかる（　）

ア 油《あぶら》をしぼる

イ 橋《はし》をわたす

ウ なんくせをつける

エ ふに落《お》ちない

オ 水いらず

カ 虫の息《いき》

4 つぎの文の（　）にあてはまる言葉を、漢字一字で書きなさい。（2点×5）

① 一を聞いて（　）を知るほどかしこい子だ。

② 兄にはめいわくをかけているので、いつまでも（　）が上がらない。

③ 人から後ろ（　）をさされるようなことをしてはいけない。

④ いっしょうけんめい聞いていたが、毒《どく》にも（　）にもならない話だった。

⑤ どうしたものかと、いろいろ（　）をひねる。

標準レベル 73

物《もの》語《がたり》(5)

時間 20分
合かく 40点
とく点 ／50点
勉強した日（ 月 日）

1 つぎの文章《ぶんしょう》を読んで、あとの問《と》いに答えなさい。

クラスは、二十五名。発表《はっぴょう》は、うしろの席《せき》から、じゅんばんということになりました。

①(あたりは、かくじつだ……。)

すぐとなりに、教頭先生もいます。大樹《だいき》は、ちょっぴり、きんちょうしてしまいました。

トップバッターは、みさと。クラス一、大きくてげん気のいい女の子です。

みさとがもってきた、大きな布《ぬの》ぶくろの中には、あかちゃんのときにつかっていた*おくるみと、きりの小箱《こばこ》にはいった〝へそのお〟が、ありました。それに、生まれた日から、整理《せいり》してある、アルバムも。

みさとは、うれしそうに、おくるみをひろげてみせます。そのまに、となりの席の翼《つばさ》が、ちゃっかりアルバムをひろげてみています。

「ひえーっ、②このはだかんぼ、カエルみたいだ!」

すばやく、あかちゃんのみさとが手をひろげ、足をちぢめて上をむいている写真《しゃしん》に目をとめた翼です。

みんなが、翼の手元をみて、わらいました。

みさとはおくるみをもったまま、翼をにらみつけ、③〝だいっきらい!〟といって、あっかんべーをしました。

(山花郁子《やまはないくこ》「おへそのまわりがあったかい」)

*おくるみ…寒《さむ》いとき、あかちゃんを衣服《いふく》の上からくるむもの。

(1) ①「あたり」とは、ここではどういうことを表《あらわ》していますか。(8点)

(　　　　)

(2) この文章に出てくる人をすべて書きなさい。(8点)

(　　　　)

(3) 「みさと」は、何を持《も》ってきていますか。三つ書きなさい。(4点×3)

(4) (3)のものは、「みさと」にとってどんなものと思われますか。十字以内《いない》で書きなさい。(8点)

(5) ②「このはだかんぼ」とは、だれのことですか。十字以内で書きなさい。(6点)

(6) 「みさと」が③「だいっきらい!」と言っているのは、なぜですか。つぎからえらんで、記号《きごう》で答えなさい。(8点)

ア 大切な写真なのに、おもしろがって、からかわれたから。

イ かくしていた写真を見られて、はずかしかったから。

ウ かわいいどころか、みにくいように言われ、腹《はら》が立ったから。

(　　)

1 つぎの文章《ぶんしょう》を読んで、あとの問《と》いに答えなさい。

「あせかいて、のどがかわいたんべ。①これを食うべえ」

と、いった。ぼくは、

「それ、どうしたん?」

って、聞くと、

「となりのスイカ畑《ばたけ》に、なっていたんだ。見ろ、草っぱらに負《ま》けず、こんなにでかくなってらあ」

となりの畑《はたけ》っていえば、ぼくのうちのスイカ畑じゃん。

ゲンさんは、よくうれたスイカの横《よこ》っぱらを、ポンポンと指《ゆび》ではじいて、

「いい音がするだろう」

って、わらった。

きっとあまいしるもたっぷり、ふくんでいるにちがいない。

のどがごくりと鳴った。

「②その草かきを、ちょっとよこしてみい」

ゲンさんがあごでしゃくったので、ぼくはそばにあった草かきを、ゲンさんにわたした。

「見てろよ」

ゲンさんは草かきの柄《え》を木刀みたいにかまえて、土の上のスイカを、

「やっ」

と、たたいた。

スイカはポックンという音をたてて、③左右にシュワッとわれた。

(宮下全司《みやしたぜんじ》「アバね、ゲンさん!!」)

(1) この文章に書かれている季節《きせつ》はいつですか。記号《きごう》で答えなさい。(10点)

ア 春　イ 夏　ウ 秋

(　　)

(2) 「①これ」とは何ですか。あてはまる言葉《ことば》を書きなさい。(10点)

□□□□□□□□□□ からもってきたスイカ。

(3) 「ぼく」がスイカを食べたがっていることがよく表《あらわ》れている言葉を、十字でぬき出しなさい。(10点)

□□□□□□□□□□

(4) 「②その草かきを、ちょっとよこしてみい」と「ゲンさん」が言ったのは、なぜですか。(10点)

(　　)

(5) 「③左右にシュワッとわれた」とは、どんな様子《ようす》を表していますか。つぎからえらんで、記号で答えなさい。(10点)

ア スイカが水気を出しながら、ゆっくりとわれた様子。

イ スイカが大きな音をたてて、細かくわれた様子。

ウ スイカがおいしそうに、一気に二つにわれた様子。

(　　)

時間	20分
合かく	40点
とく点	/50点

勉強した日 [月 日]

時間 20分　合かく 40点　とく点 ／50点

勉強した日〔　月　日〕

1 つぎの文章《ぶんしょう》を読んで、あとの問《と》いに答えなさい。

先生は、つくえのあいだをしずかに歩きながら、ハンカチをみてまわりました。ときどき、①肩《かた》をたたいていきます。そして、黒板《こくばん》のまえへもどると、ゆっくりといいました。

「いま、肩をたたかれた人のハンカチは、きれいでした。手をあらうってだいじなことでしょう。せっかくあらった手も、よごれたハンカチでふいたら、なんにもなりませんね。せいけつなハンカチを、わすれずにもっていること。それから、手をふくハンカチで口をふくわけにはいかないでしょう。②ハンカチは、かならず二まいもってくることです。あらったハンカチにはきりをふいて、しっかりとアイロンをあててもらいましょう。

まず、きちんとしたくらしを、身《み》につけてもらいます。」

三田《みた》先生は、自分のポケットから、二まいのハンカチをだしてみせました。きっちりとアイロンをあてたハンカチでした。

「いま、肩をたたかれた人は、立ってください。」

先生がいいました。③正夫《まさお》は、たたかれるはずもありません。がたがたっといすをならして、はんぶんぐらいの子がせきを立ちました。

（宮川《みやかわ》ひろ「ぼく先生のこときらいです」）

(1) 「①肩をたたいていきます」とありますが、「三田先生」は、どんな人の肩をたたいているのですか。(10点)

（　　　　　）

(2) 「②ハンカチは、かならず二まいもってくること」とありますが、「二まい」いるのは、なぜですか。(10点)

（　　　　　）

(3) 「三田先生」のハンカチは、どんなハンカチでしたか。(10点)

（　　　　　）

(4) 「三田先生」は、どんな先生ですか。つぎからえらんで、記号《きごう》で答えなさい。(10点)

ア 細かなことを気にしない大らかな性格《せいかく》の先生。

イ 子どもたちに言うべきことをはっきりと言う先生。

ウ 言いたいことを大きな声でまくしたてる先生。

（　　）

(5) 「③正夫は、たたかれるはずもありません」とは、どんなことを表《あらわ》していますか。(10点)

（　　　　　）

物《もの》語《がたり》(6)

1 つぎの文章《ぶんしょう》を読んで、あとの問《と》いに答えなさい。

〔「岳朗《がくろう》」の弟の「拓《たく》」は熱《ねつ》を出して、ねています。〕

拓がニッと力なく笑《わら》った。

「拓、ねむれねむれ。あしたになれば直ってるよ」

と、おとうさんがいった。おとうさんがいうと、①まちがいなくそうなる気がして、岳朗はスーッと安心《あんしん》できた。

熱をさげるために、おかあさんは拓のおしりに座薬《ざやく》を入れたり、タオルを交かんしたり、てきぱきとせわをやいている。②こんなときのおかあさんが一番すきだ。

③「じゃまだから、ねちゃいなさい」

おかあさんにそういわれると、口がひとりでにニューッとつきだしそうな、しょげた気分になった。岳朗はすごすごと二段《にだん》ベッドにもぐりこんだ。

けいこうとうの小さなランプが、すぐ近くに見える。しばらく岳朗は耳をすまして、おかあさんたちのようすをうかがった。静《しず》かだった。④三対一《たい》になった気がした。おとうさんの声が耳に残《のこ》っていた。小さな声で岳朗はいってみた。

「ねむれねむれ。あしたになれば直ってる」

岳朗は起き上がり、ベッドから身《み》をのりだして、いつもは拓がねているはずの⑤下のベッドをのぞいてみた。

（最上一平《もがみいっぺい》「友だちなんていわない」）

(1) ①「まちがいなくそうなる気がして」とは、どんな気持《きも》ちを表《あらわ》していますか。あてはまる言葉《ことば》を書きなさい。（5点×2）

［　　　］のことを深《ふか》く［　　　］している気持ち。

(2) ②「こんなときのおかあさん」とは、どんなおかあさんですか。つぎからえらんで、記号《きごう》で答えなさい。（8点）

ア 子どものためにうろたえているおかあさん。

イ 子どものために熱心《ねっしん》になっているおかあさん。

ウ 子どものためにあくせくしているおかあさん。

（　　）

(3) ③「じゃまだから、ねちゃいなさい」と言われて、「岳朗」はどんな気持ちになりましたか。十字で書きなさい。（10点）

［　　　　　　　　　　］

(4) ④「三対一になった気がした」とありますが、「三対一」とは、どういうことを表していますか。あてはまる言葉を書きなさい。（3点×4）

［　　　］と［　　　］と［　　　］の三人に対して、［　　　］一人ということ。

(5) ⑤「下のベッドをのぞいてみた」時の「岳朗」はどんな気持ちでしたか。つぎからえらんで、記号で答えなさい。（10点）

ア 弟をひどく心配《しんぱい》している気持ち。

イ 弱《よわ》い弟のことをにくむ気持ち。

ウ 弟のようになりたいと思う気持ち。

（　　）

時間 20分

合かく 40点

とく点 　　/50点

勉強した日（　月　日）

時間	20分
合かく	40点
とく点	/50点

勉強した日　月　日

1 つぎの文章《ぶんしょう》を読んで、あとの問《と》いに答えなさい。

「①わたしんちに来る?」

行くって言わなかったけど、つれて帰ることにした。

幼虫《ようちゅう》を見て、おばあちゃんはいやな顔をした。

「まあまあ、なあに、このきたない毛虫は。」

②ドキンとした。捨《す》ててきなさいって言われるのかな。おばあちゃんにそう言われたら、わたしは言うことを聞かなければいけない。

「ただの毛虫じゃないのよ。これから、チョウになるの。理科の勉強になるから、うちで飼《か》ってみようと思って。」

「お勉強《べんきょう》……。それなら、しかたないわね。」

おばあちゃんは、台所《だいどころ》をごそごそして、③ジャムのあきびんを出してくれた。

「ありがとう。」

④ほっとして、びんに葉《は》っぱと幼虫を入れる。救急箱《きゅうきゅうばこ》のガーゼをびんの口にあてて、ぱちんと輪《わ》ゴムでとめた。幼虫はとつぜんつれてこられたのに、もんくも言わずしずかにしている。いい子。とってもいい子だ。

「今日から、ここんちの子だからね。」

そう言ったら、⑤胸《むね》がぽわんとあったかくなった。わたし、もうひとりじゃないよ。だって、この子がいるもの。

（安田夏菜《やすだかな》「とべ！　わたしのチョウ」）

(1) 「①わたしんちに来る?」とありますが、「わたし」はだれに話しかけているのですか。あてはまる言葉《ことば》を書きなさい。(10点)

□□□になる毛虫。

(2) 「わたし」が「②ドキンとした」のは、なぜですか。(10点)

（　　　　）

(3) 「③ジャムのあきびんを出してくれた」とありますが、「おばあちゃん」がそのようにしたのは、なぜですか。(10点)

（　　　　）

(4) 「④ほっとして」とありますが、「わたし」がそのようになったのは、なぜですか。つぎからえらんで、記号《きごう》で答えなさい。(10点)

ア 毛虫を飼う入《い》れ物《もの》をやっと見つけることができたから。

イ 毛虫を飼うことをおばあちゃんがゆるしてくれたから。

ウ 毛虫がおとなしくしてくれていたので、安心《あんしん》したから。

（　　）

(5) 「⑤胸がぽわんとあったかくなった」とは、どんな気持《きも》ちを表《あらわ》していますか。つぎからえらんで、記号で答えなさい。(10点)

ア ときめき　　イ うれしさ

ウ 悲《かな》しみ　　エ さびしさ

（　　）

時間 20分　合かく 40点　とく点 ／50点
勉強した日（　月　日）

1 つぎの文章《ぶんしょう》を読んで、あとの問《と》いに答えなさい。

「えっ、クモ！」

ちょうどやってきた女の子達《たち》が、体をよせて後ずさるのを見て、あわてて言葉《ことば》をのみこんだ。①それから自分も、後ろへ一歩足を引く。

パチン。

克哉《かつや》の視線《しせん》がぶつかってきた。②きょとんとした目が、まっすぐにこっちを見ている。

あっ。
③カーッと頭が熱《あつ》くなる。
そうだ、克哉君《くん》は知ってるんだ。わたしがクモぐらいじゃおどろかないって事《こと》……。わたしたまらず、かめみたいに首を引っこめた。

克哉ののばした手の中へ、クモがカサカサと上っていく。

「へー。クモって、意外《いがい》とかわいいんだな」

林《はやし》君はそれをひょいとつまんだ。

「だろ。こいつは、ジョロウグモって言うんだぜ」

とくいそうにほほえむ克哉。虫をとっては図かんで名前を調《しら》べていた克哉は、虫にとてもくわしく、虫博士《はかせ》とよばれていた。


（宇佐美牧子《うさみまきこ》「合い言葉はかぶとむし」〈ポプラ社〉）

(1) 「①それから自分も、後ろへ一歩足を引く」とは、どんな様子《ようす》を表《あらわ》していますか。つぎからえらんで、記号《きごう》で答えなさい。（10点）

ア クモがこわくて、おびえきっている様子。
イ クモをおそれているかのようなふりをしている様子。
ウ 何が起《お》きたのかわからず、自分をうしなっている様子。

（　　）

(2) 克哉が、「②きょとんとした目」をしたのは、なぜですか。（10点）

（　　）

(3) 「③カーッと頭が熱くなる」のは、なぜですか。（10点）

（　　）

(4) クモをこわがっているふりをしているのがわかってしまったとき、「わたし」は、どんな動作《どうさ》をしましたか。文章中からぬき出して答えなさい。（10点）

（　　）

(5) 克哉が虫にくわしいのは、なぜですか。「から」につづく言葉を、文章中からぬき出して答えなさい。（10点）

（　　）から。

時間	20分
合かく	40点
とく点	/50点

勉強した日（　月　日）

1 つぎの文章《ぶんしょう》を読んで、あとの問《と》いに答えなさい。

「モタラ」は、森の中で人間とともにはたらく象《ぞう》です。

「地らいだ……。地らいがばくはつしたんだ。」と。

「バオッ！　バオッ！　バオーッ、バオバオ！」

森の方から、はげしく鳴きさけぶ、モタラのかなしい声が聞こえました。

「モタラだ。モタラが地らいをふんだんだ！」

みんなは、いっせいに鳴き声の方にかけだしました。

そこでみんなが見たのは、いつものしずかで、やさしいモタラではありません。左の前足がぼろぼろになり、たくさんの血《ち》を流《なが》してあばれてころげ回る、モタラのすがたでした。そうしなければ、かなしくって、くるしくって、いたくって、とてもがまんできなかったからです。（中略《ちゅうりゃく》）

地らいは、人間がせんそうで使《つか》うぶきです。土の中にうめられ、ふみつけるとばくはつを起《お》こして、車をこわし、人をきずつけます。せんそうが終《お》わり、平和《へいわ》になっても、土の中にうめられたままにされ、たくさんの子どもや動物《どうぶつ》をきずつけ、ときには命《いのち》までうばいつづけています。モタラもそのぎせいになったのです。

（江樹《えぎ》一朗《いちろう》「地雷《じらい》をふんだゾウ　モタラ」）

(1) この文章は、どんなことを伝《つた》えるために書かれたものですか。つぎからえらんで、記号《きごう》で答えなさい。(8点)

ア 象のおそろしさ。
イ 地らいのおそろしさ。
ウ 森のおそろしさ。

（　　）

(2) 「バオッ！　バオッ！　バオーッ、バオバオ！」とは、何ですか。文章中から二十字以内《いない》でぬき出しなさい。(8点)

(3) 「モタラ」は、ふだんどんな象でしたか。(8点)

（　　）

(4) 「モタラ」は地らいをふんで、どのようになりましたか。(8点)

（　　）

(5) 地らいとは、どのようなものですか。(10点)

（　　）

(6) せんそうが終わったあと、地らいはどのようになっていますか。(8点)

（　　）

1　20　40　60　80　100　120(回)

時間 20分
合かく 40点
とく点 　　50点
勉強した日［　月　日］

1 つぎの文章《ぶんしょう》を読んで、あとの問《と》いに答えなさい。

アリだって、じぶんの力の何倍《なんばい》ものものを、運《はこ》んであるくような力、持《も》ってるな。力のないアリは、一ぴきもおらん。

人間でもねぇ、それぞれ〝すばらしい力〟を、じぶんのなかに持って生まれてこない人間は、ひとりもおらない。きみも、きみも、きみも……。なにかはわからん、ね。なにかはわからんが、みんな〝すばらしい力〟を、ひとりひとりが持ってる。

そういう力を出すために、勉強《べんきょう》したり、本を読んだり、感動《かんどう》したりして、そうしているうちに、しぜーんと、力がわいてくる。力が出てきたときに、はじめて、

『あ、じぶんに、こんな力があったのかな。』

と、思う。

わたしの学籍簿《がくせきぼ》（通知表《つうちひょう》）が、ここの小学校にのこっとるというが、わたしが、きみたちと同じ年のころにはね、作文は、甲《こう》、乙《おつ》、丙《へい》という三つの成績《せいせき》にわかれていた。丙がいちばん下。わたしは卒業《そつぎょう》するまで、いつも、作文はこれだ。

〝丙〟

……いちばん下だ。

いちばん下だったけれども、ものを読んだりなんかすることが好きで、本を読んだり、書いたりしているうちに、ものを書いて生きる人間に、なったんだ。

だーれも、わたしがこんな、ものを書いて、物語《ものがたり》を書いて生きるような人間になるとは、思わなかった。そんなふうにわからんものだ、人間だけは……。

（椋《むく》 鳩十《はとじゅう》「人間はすばらしい」）

(1) アリのれいは、どんなことを伝《つた》えるために書かれていますか。あてはまる言葉《ことば》を書きなさい。(10点)

人間はみな［　　　　　］を持っていること。

(2) 自分の力を出すためには、どんなことをしなければなりませんか。(10点)

（　　　　　）

(3) 「わたし」はどんな小学生でしたか。つぎからえらんで、記号《きごう》で答えなさい。(10点)

ア とてもりこうな小学生。
イ 作文が苦手《にがて》な小学生。
ウ 勉強ができない小学生。

（　　）

(4) 「わたし」は、今どんな人になりましたか。(10点)

（　　　　　）

(5) 人間とはどんなものだといっていますか。つぎからえらんで、記号で答えなさい。(10点)

ア どうなるか決《き》まっているもの。
イ どうなるかわからないもの。
ウ どうなってもかまわないもの。

（　　）

記録《きろく》文《ぶん》・意見《いけん》文《ぶん》 (2)

時間 20分　合かく 40点　とく点 　/50点　勉強した日 　月 　日

1 つぎの文章《ぶんしょう》を読んで、あとの問《と》いに答えなさい。

梅雨《つゆ》が明けるころ、見わたすかぎり、田はこい緑《みどり》一色になりました。

おじさんとおばさんが、広い田を横切《よこぎ》るようにして、二人で長いホースをもっています。ホースの穴《あな》からは、白い薬《くすり》がふきだしています。この薬は、稲《いね》を病気《びょうき》からまもるための薬です。

七月の下旬《げじゅん》に稲の穂《ほ》がでるまでのあいだ、農家《のうか》の人たちは、しなければならないしごとがたくさんあります。

病気や害虫《がいちゅう》からまもる薬をまいたり、雑《ざっ》草《そう》が生えないようにしたり、肥料《ひりょう》をやったり、水の量《りょう》を調《しら》べたり、毎日、田を見まわります。

八月の終《お》わり、稲がもうすぐかりとれるまでに成長《せいちょう》したころ、台風がやってきました。穂が重《おも》くみのっていた稲は、強い風にたおされてしまいました。

たおれた稲は、そのままでは機械《きかい》をつかってかりとることができません。また、水につかったままだと、だめになってしまいます。

おじさんは、たおれた稲の中で、心配《しんぱい》そうに空を見上げました。

機械や薬が進歩《しんぽ》しても、稲の出来《でき》不出来《ふでき》をきめるのは、やはりその年の天候《てんこう》なのです。

九月にはいり、稲の穂は黄金《こがね》色にそまり、ずっしりと重そうにたれてきました。

（寺村春枝《てらむらはるえ》「米をつくる農家」〈ポプラ社〉）

(1) おじさんとおばさんがしていることや、稲の様子《ようす》を、短《みじか》くまとめて書きなさい。(5点×7)

時《じ》期《き》	おじさんとおばさんがしていることや、稲の様子
梅雨が明けるころ	①
七月の下旬	②
	③
	④
	⑤
八月の終わり	⑥
九月	⑦

(2) 稲の出来をきめるものは何ですか。つぎからえらんで、記号《きごう》で答えなさい。(7点)

ア 機械や薬。
イ その年の天候。
ウ 人々のはたらき。

（　　）

(3) 「稲の穂は……たれてきました」というところから、どんなことがわかりますか。あてはまる言葉《ことば》を書きなさい。(8点)

［　　］ができてきたこと。

記録文《きろくぶん》・意見文《いけんぶん》 (2)

時間	20分
合かく	40点
とく点	/50点

勉強した日〔　月　日〕

1 つぎの文章《ぶんしょう》を読んで、あとの問《と》いに答えなさい。

「学ぶ」や「学習《がくしゅう》」は、どこかかしこまっていて気恥《きは》ずかしい気持《きも》ちがしてしまう。

それにくらべて〝勉強《べんきょう》〟は、とってもポピュラーだ。

「勉強しなさい！」「勉強はすんだの？」

――これは日本の親が毎日のように子どもに伝《つた》える言葉《ことば》のひとつだ。君《きみ》の耳にも、大きなタコができてるんじゃないか。学校でも社会でも（勉強ができるかできないか）で人間の価値《かち》が決《き》められ、お父《とう》さんたちまで上司《じょうし》から「君ィ〜、もうちょっと勉強したらどうなんだ！」などと叱《しか》られたりする。日本人の頭の中にはこの二文字が、ビッシリはりついているようだ。

でも、その勉強は、はたして楽しいものだろうか。

もし友達《ともだち》が「勉強が大好《だいす》きだ！」と言ったら、君はどう思うだろう。「なんてイヤな奴《やつ》だ！」、そう感《かん》じないかな。ボクもまったく同様《どうよう》だった。「勉強はイヤなもの、それを我慢《がまん》して頑張《がんば》るのがベンキョーなのさ！」もしかするとボクらは、そう考えてきたんじゃないだろうか。なんだか変《へん》な理屈《りくつ》だ。「ベンキョーがすんだら、思いきり遊《あそ》べばいいでしょ！」――これじゃあまるで、勉強はイヤなものと決めつけてるみたいだ。

（行宗蒼一《ゆきむねそういち》「勉強っていやいやするもの？」）

(1) この文章にあてはまるものをつぎからえらんで、記号《きごう》で答えなさい。(10点)

ア 本当《ほんとう》に起《お》こったことをのべている。
イ 自分の考え方をのべている。
ウ 想像《そうぞう》したことを自由《じゆう》に書いている。

（　　）

(2) 今の日本では、「勉強」はどのようなものだと思われていますか。(10点)

[　　　　　] を決めるもの。

(3) 筆者《ひっしゃ》が読み手に問いかけている文を見つけて、ぬき出しなさい。(10点)

（　　　　　）

(4) 「変な理屈」とありますが、なぜ変なのですか。つぎからえらんで、記号で答えなさい。(10点)

ア 自分がいやだと思うことを、けっきょくみとめているから。
イ しっかり頑張ることが大切だと言っているから。
ウ 自分がしたことのないことをすすめているから。

（　　）

(5) 筆者の考えに合うものをつぎからえらんで、記号で答えなさい。(10点)

ア 勉強はまったくおもしろくないものだ。
イ 勉強は人によってはつまらないものだ。
ウ 勉強とは決《けっ》していやなものではない。

（　　）

標準レベル

83

日記文・手紙文 (1)

時間 20分

合かく 40点

とく点　　　/50点

勉強した日〔　月　日〕

1 つぎの日記を読んで、あとの問《と》いに答えなさい。

十月　十五日　　ただおか・えりこ

今日、はいしゃさんの　かえり、車にのって　いて、私《わたし》が　よこを　むきながら、

「あっ。」

と、大声で　いいました。そしたら、お母さんが、おどろいたような　声で、

「どうしたの。」

と　ききました。私は、

「今、きんもくせいの　花　あったんだよ。」

と　いいました。そしたら　お母さんが、

「あ、今も　あったわよ。」

と　いいました。私は、

「あのねえ、学校の　きんもくせいの　花ねえ　ぜんぜん　さいて　なかったよ。前は　さいて　いたのに。」

と　いったら、お母さんが、

「あらそう、どうしたのかしら。」

と　いいました。私が、

「ねえ　お母さん、ふしぎに　思うんだけど、どうして　きんもくせいの　花は、あんなに　小さいのに、あんなに　いいかおりが　するの。」

と　きいたら、お母さんが、

「人間も、よわい　人が　たくさん　あつまると、つよくなるでしょ。きんもくせいの　花も、いっぱい　あつまって　いいかおりが　するのよ。」

と、おしえてくれました。

（亀村《かめむら》五郎《ごろう》「楽しい日記と手紙の書き方」）

---

(1) この日記のいい点を、つぎからえらんで、記号《きごう》で答えなさい。(10点)

ア　自分が思ったことや、話し合ったことをすなおに書いている点。

イ　色や音を表《あらわ》す言葉を多く用いて、目に見えるように書いている点。

ウ　自分の考えやお母さんの考え方をくわしく書いている点。

（　　）

(2) 車に乗《の》っていて、「私」は何を見つけましたか。八字で書きなさい。(10点)

［　　　　　　　　］

(3) 「私」は、どんなことをふしぎに思いましたか。(10点)

（　　　　　　　　）

(4) (3)のことについて、お母さんはどのように答えましたか。(10点)

（　　　　　　　　）

(5) この日記で中心になっているものは、何ですか。あてはまる言葉を書きなさい。(10点)

きんもくせいの花の［　　　］

勉強した日（　月　日）
時間 20分
合かく 40点
とく点　　／50点

1 つぎの手紙を読んで、あとの問《と》いに答えなさい。

先生、お元気ですか。こっちはあついけど、いなかはすずしいでしょう。

ぼくは、毎日、ヨッちゃんやくみ子ちゃんと、学校のプールへ行っています。

先生がいなくなってさびしいけど、そのかわり、西山《にしやま》先生に平泳《ひらおよ》ぎをおそわっています。二十五メートル泳げるようになりましたよ。えへん。

八月一日は、山ねこパーティでケーキをごちそうになったんです。山ねことは何者《なにもの》か？　先生がお帰りになるまで、ないしょ。

ぼくは、十二日から一週間、*信州《しんしゅう》へ行きます。いなかのモクちゃんたちと、川で泳いだり、山ブドウをとりに行ったり、おじいさんとうでずもうをしたりします。

先生のおうちもお百しょうだっていいましたね。田んぼや畑《はたけ》のお手つだいをしていますか。朝ねぼうができなくてこまるでしょう。先生は宿題《しゅくだい》がなくっていいなあ。

先生、ぼくはあんまり宿題をしていません。なまけてもおこらないでね。おかあさんが、よろしくもうしあげて、といっています。

お返事《へんじ》をください。たべすぎて、おなかをこわさないように。さようなら

八月九日

山下《やました》やすお

（柳内達雄《やなうちたつお》「作文がすきになる本」（あかね書房））

*信州…昔《むかし》の国の名。今の長野県《ながのけん》にあたる。

(1) この手紙は、だれがだれにあてて書いたものですか。（6点×2）

（　　　　）が（　　　　）に

(2) この手紙で、はじめのあいさつと、終《お》わりのあいさつのところは、それぞれ、はじめと終わりの四字を書きなさい。（、と。もふくみます。）（8点×2）

・はじめのあいさつ　□□□□～□□□□

・終わりのあいさつ　□□□□～□□□□

(3) この手紙で、先生の様子《ようす》についてくわしくたずねているのは、どこですか。（、や。もふくみます。）（12点）

□□□□～□□□□

(4) この手紙は相手《あいて》に何をつたえるために書いていますか。つぎからえらんで、記号《きごう》で答えなさい。（10点）

ア いなかに帰った先生のことが心配《しんぱい》で、いろいろと様子をたずねるため。

イ 夏休み中遊びすぎて、宿題ができていないことを先生にあやまるため。

ウ 夏休みに自分がしていることや、これからの予定《よてい》を先生に知らせるため。

（　　）

標準レベル

85 日記文・手紙文 (2)

時間 20分　合かく 40点　とく点 ／50点

勉強した日〔　月　日〕

1 つぎの日記を読んで、あとの問《と》いに答えなさい。

四月　十一日

むらおか・さきこ

きょうの、かえり、ただおかえりこちゃんと、さいとうまりちゃんと、もちはらなみこちゃんと、わたしとで、かえりました。あそぶ　ときに　つかう　ざいりょうをアスレチックの　そばに　あなの　あいている　木が　あって　そこの　すなとか、はっぱとか、どけて　いると、そこに　なんと　かえるが　いたんです。そのときはみんな　びっくりしました。

五年生の　おねえさんたちに、わたしたちが、

「かえる　どかして。」

と　いったら、おねえさんが、

「こら　もう　はるだよ、おきなさい。」

と　いったから、つい　わたしたちは、

「あははは。」

と、わらって　しまいました。

でも、えりこちゃんは　かわいそうです。なぜかというと、えりこちゃんは、きらいな　かえるを　さわったからです。

（亀村《かめむら》五郎《ごろう》「楽しい日記と手紙の書き方」）

(1) この日記の書き方のいい点を、つぎからえらんで、記号《きごう》で答えなさい。(8点)

ア できごとが起《お》こった順番《じゅんばん》ではなく、それをかえて書いている点。

イ 自分が思ったことや感《かん》じたことをくわしく書いている点。

ウ 心にのこったできごとをえらびとって書いている点。

（　　）

(2) この日記の中から、文がねじれてしまっていて、意味《いみ》がよくつかめない文をさがし、そのはじめの五字をぬき出しなさい。(8点)

□□□□□

(3) 「わたし」がかえるを見ておどろいた気持《きも》ちをよく表《あらわ》している言葉《ことば》を、三字でぬき出しなさい。(8点)

□□□

(4) 「わたしたち」がわらってしまったのは、なぜですか。(8点)

（　　）

(5) かえるにさわってしまったのは、だれですか。(8点)

（　　）

(6) この作文には、「わたしたち」が言ったことや、声に出したことをそのまま書いている文が二つあります。その文を書きなさい。(5点×2)

（　　）

（　　）

日記文・手紙文 (2)

時間	20分
合かく	40点
とく点	/50点

勉強した日（　月　日）

1 つぎの日記とはがきを読んで、あとの問《と》いに答えなさい。

八月八日

はがきがきた！　じろちゃんからだ。うれしかったけど、こいつが、じつに読みにくい。クイズみたいだ。

> げんきはいいかぼくもげんきはい
> いうみでおよぐと水がしょぱくてま
> ずいよきみにかいをたくさんとった
> ぞぼくはにっきをなまけたからてん
> きやなにかあとでおしえてくれよな
> ぼくはくろおるで十五めえとるおよ
> げるぜぷうるできょうそうしよう
>
> （柳内達雄《やなうちたつお》「作文がすきになる本」〈あかね書房〉）

(1)「じろちゃん」が書いたはがきについて、とくによくない点を、つぎからえらんで、記号《きごう》で答えなさい。(4点)

ア 内ようのまとまりごとに行をあらためて書いていない点。

イ 相手《あいて》をうやまった言い方で書いていない点。

ウ 点(、)や丸(。)をまったくつけないで書いている点。

（　　）

(2) はがきの中に、かたかなで書く言葉《ことば》が三つあります。それらをぬき出して、かたかなに直して書きなさい。(4点×3)

（　　）→（　　）

（　　）→（　　）

（　　）→（　　）

(3) 習《なら》った漢字《かんじ》は、できるだけ使《つか》うようにしましょう。つぎの言葉を漢字で書きなさい。(2点×8)

① □《げん》□《き》　② □《うみ》

③ □《およ》ぐ　④ □《きみ》

⑤ □《かい》　⑥ □《にっ》□《き》

⑦ □《てん》□《き》　⑧ □《おし》えて

(4) 前の(1)～(3)のことに気をつけて、「じろちゃん」のはがきを正しく書き直しなさい。(18点)

時間 20分　合かく 40点　とく点　　50点

勉強した日　　月　　日

1 つぎの文章《ぶんしょう》を読んで、あとの問《と》いに答えなさい。

ぐあいがわるくて保健室《ほけんしつ》にいた「ユキ」は、教室にもどったとき、「政志《まさし》」にやさしい言葉《ことば》をかけられました。

ふいに、胸《むね》が熱《あつ》くなって、ユキは、あわてていった。

「わたし、給食《きゅうしょく》いらんていいにきたんや。」

「えっ？」

――えっ？

ユキは、自分でもびっくりしていた。なんで、①こんなことをいいだしたのだろう？

でも、もうあともどりはできない。

ユキはいった。

「わたし、早引けするんや。」

そして、ユキは、②早口につけくわえた。

「養護《ようご》の風見《かざみ》先生から、そうしなさいていわれたんや。」

「そんなに悪《わる》いのか？」

のぞきこむようにしてきく政志《まさし》から③目をそらせて、ユキはいった。

「田岡《たおか》くん、先生に、そういうといてくれへん？」

「それはかまへんけど……。」

ことばをきると、政志は、不審《ふしん》そうにユキを見た。その政志をおしのけるようにして、ユキは教室にはいった。

何人かが、ユキに気づいた。しかし、ユキは、気づかない顔でかばんをとると、すぐに教室をでた。

ろうかには、まだ、政志が立っていた。

ユキは、政志をふりきるようにして、ろうかをかけだした。

胸が、どきどきした。

ユキは、うそをついたのだ。だから、とにかく、逃《に》げなければならない。

（河原潤子《かわはらじゅんこ》「蝶々《ちょうちょう》、とんだ」）

(1) 「①こんなこと」とは、どんなことですか。(10点)

（　　　　）

(2) 「②早口に」という様子《ようす》には、「ユキ」のどんな気持《きも》ちが表《あらわ》れていますか。つぎからえらんで、記号《きごう》で答えなさい。(10点)

ア 自分のしたことをとりつくろうと、あせる気持ち。

イ 相手《あいて》に気づかれないうちに、だまそうとする気持ち。

ウ 言っていることに自信《じしん》がもてず、おびえる気持ち。

（　　）

(3) 「③目をそらせて」とありますが、「政志」に対《たい》してそれと同じ気持ちを表している「ユキ」の動作《どうさ》を二つ、それぞれ十字以内《いない》でぬき出しなさい。(10点×2)

(4) 「ユキ」があわてて教室を出ているのは、なぜですか。その理由《りゆう》がわかる言葉《ことば》を書きなさい。(10点)

［　　　　］から。

時間	20分
合かく	40点
とく点	50点

勉強した日（　月　日）

1 つぎの手紙を読んで、あとの問《と》いに答えなさい。

お母《かあ》さんへ
健太君《けんたくん》のうちで、はじめてカレーをつくったんだよ。包丁《ほうちょう》で指《ゆび》を切ったらどうしようって心配《しんぱい》したけど、思ったよりうまくできたの。それから、かず君を保育所《ほいくしょ》に送《おく》っていってあげたの。そのときは、ほんとうのお姉《ねえ》さんのような気持《きも》ちだったわ。

それにしても、あのカレーのおいしかったこと！　はちみつみたいにおいしかったわ。おばあちゃんに話したら、そりゃ自分でつくったからだよっていわれたけど、わたしもそう思うわ。

健太君は、カレーもつくれるし、ふろもたけるし、ニワトリもかっているし、かず君のおもりもするし、お父さんのてつだいもするし……。それをみんな、責任《せきにん》をもって、きちんとやっているんだもの、えらいわ。

わたしだって、今日《きょう》のお昼、カレーをつくったんだもん。だれにも手つだってもらわないで、一人でよ！

おじいちゃんとおばあちゃんは、たべている間じゅう、にこにこしっぱなしで、おいしい、おいしいって、百ぺんぐらいいってくれたわ。あんなに喜《よろこ》んでくれるんなら、またつくってあげなくっちゃ。

帰ったら、お父さんとお母さんにもつくってあげるからね。もっともっと、いろいろな料理《りょうり》もつくってみたいわ。そしたら、お母さんも楽ができるから、みんなで楽しいおしゃべりをしようね。

さようなら
（安江生代《やすえいくよ》「海からの手紙」）

(1)「わたし」がしたことを、二つ書きなさい。（10点×2）
（　　　）

（　　　）

(2)「わたし」は、「健太君」のどんなところがりっぱだと思っていますか。あてはまる言葉《ことば》を書きなさい。（10点）
いろいろなことを［　　］をもって、きちんとやっているところ。

(3)「わたし」は、どんな子ですか。つぎからえらんで、記号《きごう》で答えなさい。（10点）
ア　一人でたくさんのことをしてみようとする、よくばりな子。
イ　小さい子やおじいちゃん、おばあちゃんの世話をする、たくましい子。
ウ　まわりの人たちのことを気づかうことができる、やさしい子。
（　　　）

(4)「わたし」のお母さんになったつもりで、返事《へんじ》を一言《ひとこと》だけ書きなさい。ただし、カレーのことについてかぎることとします。（10点）
（　　　）

1 つぎの詩《し》を読んで、あとの問《と》いに答えなさい。

空の広さ

原田《はらだ》 直友《なおとも》

①神《かみ》さま
空はどのくらい広いのですか

空ですか
神さまはそういって ②こ手《て》をかざし
しばらくまぶしそうに
空のむこうを
③ながめておられたが

それなんですがねえ
わたしが作ったんですけど
わたしにも
さっぱり わからんのです

と ④頭をかかれた

(1) 詩の中の「①神さま」という言葉《ことば》は、どのように読むといいですか。つぎからえらんで、記号《きごう》で答えなさい。(8点)

ア ふしぎがっているように読む。
イ おこっているように読む。
ウ 悲《かな》しんでいるように読む。

(　　)

(2) 作者《さくしゃ》は、「神さま」にどんなことをたずねましたか。(6点)

(　　　　　　　　　　)

(3) 「②こ手をかざし」とは、どんな様子《ようす》を表《あらわ》していますか。つぎからえらんで、記号で答えなさい。(8点)

ア ずっと遠くまでよく見ようとする様子。
イ こまったことになったと、くやむ様子。
ウ 自分をかくそうと、ちぢこまる様子。

(　　)

(4) 「③ながめておられたが」とありますが、その時の様子を表している言葉を六字でぬき出しなさい。(6点)

□□□□□□

(5) 「④頭をかかれた」からは、どんな感《かん》じを受《う》けますか。つぎからえらんで、記号で答えなさい。(6点)

ア ぬくもり　　**イ** あどけなさ
ウ おかしみ

(　　)

(6) 「神さま」が話している言葉だけで書かれている連《れん》はどれですか。その連のはじめと終《お》わりの三字ずつをぬき出しなさい。(4点×2)

□□□ ～ □□□

(7) この詩にあてはまるものをつぎからえらんで、記号で答えなさい。(8点)

ア ほのぼのとした感じが伝《つた》わってくる。
イ きびしい考えがよく表されている。
ウ あこがれの気持《きも》ちにみたされている。

(　　)

時間 20分
合かく 40点
とく点　　/50点
勉強した日（　月　日）

1 つぎの詩《し》を読んで、あとの問《と》いに答えなさい。

帰宅《きたく》
吉田《よしだ》　定一《さだいち》

オートバイの音が
谷間にこだましています。
でも①オートバイのすがたが見えません。
②山あいから音だけが
ぼくの家に届《とど》いてきます。
お母《かあ》さんはいいました。
③「お父《とう》さんの帰りが早いのね」
そとを見ると　雨が降《ふ》っています。
梨《なし》のしろい花が　遠く
雨のなかで④ひときわ明るく咲《さ》いています。
お父さんはいまあのあたりかな。
オートバイの音が　お父さんよりも早く
仕事先《しごとさき》から帰ってきた。

(1) 「①オートバイのすがたが見えません」とありますが、それはなぜですか。つぎからえらんで、記号《きごう》で答えなさい。(8点)

ア オートバイの音は、夢《ゆめ》の中で聞いたものだから。
イ お父さんは、家から遠ざかっていこうとしているから。
ウ お父さんは、まだ谷間の中を走っているとちゅうだから。

（　　）

(2) 「②山あい」とは何ですか。同じ意味《いみ》を表《あらわ》す言葉《ことば》を、詩の中からぬき出しなさい。(8点)

[　　]

(3) 「③お父さんの帰りが早いのね」は、どのようにして読むといいですか。つぎからえらんで、記号で答えなさい。(8点)

ア おどろきながらも、明るい様子《ようす》で読む。
イ いらだちながら、こまった様子で読む。
ウ あきれながら、まよっている様子で読む。

（　　）

(4) 「④ひときわ明るく咲いています」とありますが、それはどんな気持《きも》ちを表していますか。つぎからえらんで、記号で答えなさい。(8点)

ア お父さんが帰ることに深《ふか》く感《かん》しゃする気持ち。
イ お父さんが帰ってくることをよろこぶ気持ち。
ウ お父さんの帰りがおそいことを心配《しんぱい》する気持ち。

（　　）

(5) 「ぼく」がつぶやいている言葉を、詩の中からぬき出しなさい。(8点)

（　　）

(6) この詩にあてはまるものをつぎからえらんで、記号で答えなさい。(10点)

ア けしきがとてもていねいに書かれている。
イ 色と音をじょうずに用いて書かれている。
ウ いろいろな気持ちがふくざつに書かれている。

（　　）

1 20 40 60 80 100 120(回)

時間	20分
合かく	40点
とく点	/50点

勉強した日　月　日

1 つぎの詩《し》を読んで、あとの問《と》いに答えなさい。

バラも怒《おこ》っている

池田《いけだ》夏子《なつこ》

ぼくは
四十分もかかって描《か》いた
鏡《かがみ》の中のぼくをにらんで
クレパスぎゅっとにぎって
とてもうまくいっていたのに
①お母《かあ》さんが直しちゃった
ぐいぐいあごをぬりつぶして
目の線をくっきり引いて
──すこしはよくなったでしょ──
だって
ひどいよ
もう　ぼくの絵じゃないよ
お母さんの絵でもないんだ
②これ　だれの絵さ
これ　何さ
ぼくは本気で怒《おこ》っている
まどぎわのバラの花も
③まっかっかに
怒っている

(1)「ぼく」は何をしていましたか。(10点)

（　　　　）

(2)「ぼく」が一生けんめいだったことがわかる言葉《ことば》を、四字と八字で二つぬき出しなさい。(4点×2)

・□□□□
・□□□□□□□□

(3)「①お母さんが直しちゃった」とありますが、「お母さん」は何をしたのですか。あてはまる言葉を書きなさい。(4点×2)

絵の□や□をすきなようにかえてしまった。

(4)(3)のとき、「ぼく」はどう思ったのですか。そのときの気持《きも》ちが表《あらわ》れている言葉を、一行でぬき出しなさい。(8点)

（　　　　）

(5)「②これ　だれの絵さ」とは、どんなことを表していますか。つぎからえらんで、記《き》号《ごう》で答えなさい。(8点)

ア　絵の中にかいてあるのが、だれなのかわからなくなってしまったこと。
イ　絵をいったいだれにあげたらいいのか、わからなくなってしまったこと。
ウ　絵がだれのものでもない、ちゅうとはんぱなものになってしまったこと。

（　　）

(6)「③まっかっかに／怒っている」とありますが、それはバラのどんな様子《ようす》を表していますか。つぎからえらんで、記号で答えなさい。(8点)

ア　バラの花が真《ま》っ赤《か》である様子。
イ　バラが大きくさいている様子。
ウ　バラがすぐくずれそうな様子。

（　　）

時間	20分
合かく	40点
とく点	/50点

勉強した日（　月　日）

詩《し》(4)

時間	合かく	とく点
20分	40点	50点

勉強した日　月　日

1 つぎの詩《し》を読んで、あとの問《と》いに答えなさい。

テレビの子　　山下《やました》 清三《せいぞう》

ぼくの家では、みんなして
そろって、ごはんをたべてます。
①テレビに、うつった男の子、
じっと、こちらを見ています。
とても、かなしいその目です。

そとには、雪がふってます。
町のかどには、ケーキ屋《や》の、
②あかりが、きれいに見えてます。
もうすぐきます、クリスマス。

テレビに、うつった男の子、
③ほねと皮《かわ》とに、やせてます。
まいにちたべる、ひときれの、
パンさえ、ときにはないのです。
戦争《せんそう》の国の、子どもです。

とても、みじめな子どもです。
戦争の国の、子どもには、
どんなクリスマスが、あるでしょう。

(1) この詩のきせつがわかる言葉《ことば》を二つぬき出しなさい。(4点×2)

（　　　　）（　　　　）

(2) この詩は、四つのまとまり(連《れん》)でできていますが、「ぼく」の住《す》んでいる所《ところ》の様子《ようす》がよくわかるのは、何番目ですか。数字で答えなさい。(8点)

□番目

(3) 「①テレビに、うつった男の子」の住んでいる所の様子がよくわかるのは、何番目ですか。数字で答えなさい。(8点)

□番目

(4) 「②あかりが、きれいに見えてます／もうすぐきます、クリスマス」とは、どのようなことを表《あらわ》していますか。つぎからえらんで、記号《きごう》で答えなさい。(8点)

ア 「ぼく」は、ゆたかな世界《せかい》に住んでいること。
イ 「ぼく」が、たった今幸《しあわ》せを感《かん》じていること。
ウ 「ぼく」には、ほしいものがたくさんあること。

（　　　）

(5) 「③ほねと皮とに、やせてます」とありますが、男の子がそのようになっているのはなぜですか。「戦争」・「パン」という言葉を用いて、理由《りゆう》を書きなさい。(10点)

（　　　　　　　　）

(6) この詩で、「テレビに、うつった男の子」への作者《さくしゃ》の強い思いがのべられているのは、何番目のまとまりですか。数字で答えなさい。(8点)

□番目

物語《ものがたり》(8)

時間 20分　合かく 40点　とく点 ／50点

勉強した日（　月　日）

1 つぎの文章《ぶんしょう》を読んで、あとの問《と》いに答えなさい。

ママに会いたい気持《きも》ちは、コロも同じだと思った。

「コロをはなしてあげる……。」

そういったら、鼻《はな》がつんとしてなみだがでた。ママはだまってうなずいた。

百人力の勇気《ゆうき》をだして、わたしはうでを開《ひら》いた。コロは、ゴムまりみたいにドアにとっしんした。

ママは、しずかにドアを開《あ》けた。コロは階段《かいだん》をころげおりた。そして、げんかんのドアをカリカリかいた。

ママは、「いいのね」というようにふりかえった。わたしは、しっかりうなずいた。

ママがドアを開けた。

と、白いかたまりが、げんかんにとっしんして入ってきた！　コロがかたまりにとびついた。

やっぱりあの犬だ。すっかりやつれて、毛はところどころすりきれているけれど、あのとき、しっぽを一回ふって校門のなかに消《き》えたあの犬。＊パトラッシュによくにた犬。

コロは鳴きながら、母犬にとびついた。

母犬は、いとしそうにコロをペロペロとなめる。

（おまえ、どこに行ってたの？　母さん心配《しんぱい》したよ。）

母犬はコロをひっくりかえしたり、おさえたりしながら、あっちこっちなめる。

（岸川悦子《きしかわえつこ》「じんじろべえ」）

＊パトラッシュ…「フランダースの犬」に出てくる犬の名前。

(1) この文章は、どんな場面《ばめん》をえがいていますか。あてはまる言葉《ことば》を書きなさい。（5点×2）

子犬の［　　］が［　　］に出会った場面。

(2) 「コロ」の走る様子《ようす》をたとえている言葉を、八字でぬき出しなさい。（10点）

(3) 「白いかたまり」とは、何の様子をたとえたものですか。四字で書きなさい。（10点）

(4) 母犬に出会った時の「コロ」の気持《きも》ちがよく表《あらわ》れている文をぬき出しなさい。（8点）

(5) 「コロ」に出会った時の母犬の気持ちが、その動作《どうさ》によく表れている文を二つぬき出しなさい。（6点×2）

物《もの》語《がたり》（8）

時間 20分　合かく 40点　とく点 ／50点

勉強した日（　月　日）

1 つぎの文章《ぶんしょう》を読んで、あとの問《と》いに答えなさい。

いつだったか、テレビで見た〈ダムの底《そこ》にしずむ村〉という番組では、谷間にちらばる家はもちろん、小学校の分校も、山のとちゅうのかなり高いところにある鎮守《ちんじゅ》さまの社《やしろ》も、みんな水にしずんでしまうと、村のおばあさんが話していた。

そんなことを思いだしながら走っていたら、先をかけていたコンノさんが、スピードをゆるめてふりむいた。

「あのダムができあがれば、このへんまで水がきちゃうよ」

「①えっ、こんなところまで？」

「そうよ。そうなるとね、すんでいた村人たちが立ちのかなければならなかったように、そこでくらしていたキツネやタヌキにしても、クマやヤマバトにしても、どこかへひっこしていかなきゃならないのよ。けど、なんだかんだいったって、②人間のほうはまだいいわよ。持《も》っていた土地や家も買いとってもらえるし、補償金《ほしょうきん》もでるし、かわりにすむところも世話《せわ》してもらえるもの。それにくらべたら、動物《どうぶつ》のほうはみじめよ。かわりのすみかをもらえるわけじゃなし、エサをもらえるわけでもない。何の補償もなくて、ただ、おいたてられるだけなんだもの。キツネやタヌキやクマにだって、ナワバリってものがあるのにさ……」

③コンノさんはいかにもくやしそうだった。

（北原宗積《きたはらむねかず》「夕やけ色のトンネルで」）

(1) 「①えっ、こんなところまで？」とありますが、なぜおどろいたのですか。つぎからえらんで、記号《きごう》で答えなさい。（10点）

ア ダムができた時にどうなるかが、生々しくわかったから。

イ ダムができると村じゅうがしずむことが、よくわかったから。

ウ ダムができる前に、にげ出さねばならないとわかったから。

（　　）

(2) 「②人間のほうはまだいいわよ」といえるのは、なぜですか。その理由《りゆう》がわかる文を見つけて、はじめの五字を書きなさい。（10点）

□□□□□

(3) 「③いかにもくやしそうだった」とありますが、どんなことがくやしいのですか。あてはまる言葉《ことば》を書きなさい。（5点×4）

□□ができると、すんでいた□□だけでなく、それ以上《いじょう》みじめに□□がすみかもエサもうばわれて、ただ□□□□□□□□こと。

(4) この文章にあてはまるものをつぎからえらんで、記号で答えなさい。（10点）

ア 社会的な問題《もんだい》を取《と》り上《あ》げている。

イ 自然《しぜん》の中にある問題を書いている。

ウ 動物がへっていく問題を取り上げている。

（　　）

標準レベル

95 物《もの》語《がたり》(9)

時間	合かく	とく点
20分	40点	50点

勉強した日（　月　日）

1 つぎの文章《ぶんしょう》を読んで、あとの問《と》いに答えなさい。

　ぼくは、おもわず立ちどまってしまった。ランドセルを背《せ》おった正太《しょうた》だったから、おどろいた。

　でも、正太のほうが、もっとおどろいたらしく、ぼくを見つめている顔が、なんだか青白くなったようにみえた。

「ケシゴム、きのう、おとしたらしいんだ。」

　ぼくは、むりしてわらいながら、戸口に近よっていった。戸口っていうことは、正太に近よっていくことにもなるんだけど。

「あ、そう。ぼくは人体模型《もけい》を見にきたんだ。」

　正太が、①いつもの正太より大きな声でいった。

「へえ、人体模型なんて気味《きみ》わるいのに。」

　これは、ぼくの本音だ。ぼくは、あれが大のにがてだ。内臓《ないぞう》が赤や青や白で作ってあったり、静脈《じょうみゃく》や動脈《どうみゃく》の赤と青の線が作られていたりするのなんて、まったく、吐《は》いちゃいそうにこわい。

「そう。ぼくは、ちょっぴりおもしろい。だから、ときどき見にくるんだ。」

　ぼくは、②まじまじと正太を見つめてしまった。よわむしのくせに、あんなものがおもしろいなんて。

（竹田まゆみ「夕映《ゆうば》えになるまでに」）

(1)「①いつもの正太より大きな声でいった」とありますが、この時の「正太」の様子《ようす》としてよいものをつぎからえらんで、記号《きごう》で答えなさい。（10点）

ア 他人《たにん》の気をひこうと思う様子。

イ 早く助《たす》けてもらいたいと思う様子。

ウ すきなことができると、気分が高まっている様子。

（　　）

(2)「②まじまじと正太を見つめてしまった」は、「ぼく」のどんな気持《きも》ちを表《あらわ》していますか。つぎからえらんで、記号で答えなさい。（10点）

ア 正太のいったことが信《しん》じられず、たいへんおどろいている気持ち。

イ 知らない正太を見たようで、何かあやしいとうたがう気持ち。

ウ 正太が自分とはかなりちがうことを知って、見下す気持ち。

（　　）

(3)「ぼく」が、人体模型がにがてで、こわいのは、なぜですか。文章中の言葉《ことば》を使《つか》って、二つ答えなさい。（10点×2）

（　　）

（　　）

(4)「ぼく」は、正太のことをどのように思っていますか。文章中の四字の言葉で答えなさい。（10点）

□□□□

時間 20分　合かく 40点　とく点　　50点

勉強した日〔　月　日〕

1 つぎの文章《ぶんしょう》を読んで、あとの問《と》いに答えなさい。

そうだ、旅《たび》のおわりにもういちど、①おさびし山のさくらの木に会ってこよう。

旅人はそう思いました。

山をこえ、野をこえ、おさびし山にやってきた②旅人はおどろきました。

うつくしい花をさかせているはずのさくらの木が、あとかたもなく、そのすがたをけしてしまっているではありませんか。

おどろいた旅人は里におりて、里の人にききました。

「おさびし山のさくらの木はどこへいってしまったのですか。」

里の人は、こともなげにこたえました。

「ああ、あのさくらの木なら風車にしたのさ。」

旅人は風車になったおさびし山のさくらの木に会いにきました。

あんなにうつくしい花をさかせたおさびし山のさくらの木が、いまはただ、風をまつだけの風車になってしまったなんて……。

旅人はむねがつぶれるほどかなしくなってしまいました。

「こんな、……③こんな再会《さいかい》しかできなかったのでしょうか。」

④旅人はなきながら風車にむかっていいました。

（宮内婦貴子《みやうちふきこ》「おさびし山のさくらの木」）

(1) 「①おさびし山のさくらの木」とありますが、旅人はそれはどんな木だと思っていましたか。あてはまる言葉《ことば》を書きなさい。(10点)

[　　　　　　　　] はずの木。

(2) 「②旅人はおどろきました」とありますが、それはなぜですか。(10点)

（　　　　　　　　）

(3) 「①おさびし山のさくらの木」は、旅人が会いに行った時、どうなっていましたか。あてはまる言葉を書きなさい。(10点)

[　　　　　　　　] になってしまっていた。

(4) 「③こんな再会」とありますが、それはどのような「再会」を表《あらわ》していますか。つぎからえらんで、記号《きごう》で答えなさい。(10点)

ア 美しいものも見られず、味気《あじけ》ない思いしか感《かん》じられない再会。

イ 思っていたこととはちがって、ひどくつらくて、残念《ざんねん》な再会。

ウ 思いをとげられず、くやむ思いばかりが感じられる再会。

（　　）

(5) 「④旅人はなきながら風車にむかっていいました」と同じように、旅人の気持ちがはっきりわかる文をさがし、はじめの四字をぬき出しなさい。(10点)

[　　　　]

時間	合かく	とく点
20分	40点	50点

勉強した日　月　日

1 つぎの文章《ぶんしょう》を読んで、あとの問《と》いに答えなさい。

耕太《こうた》は皿《さら》を淳《じゅん》にわたしながら、言った。

「おつりちょうだい。」

「なんやて。」
①耕太の声に重《かさ》なるように、お兄さんの声が返《かえ》ってきた。
淳はあれっとお兄さんを見た。いつもより太い声だけれど、口のはしっこがあがっている。

「そやから、おつり、ちょうだいって。」

耕太はじれったそうにくり返した。

「よう言うわ、こっちは代金《だいきん》もろてないのに。」
②「ここにおいた。」
耕太がたこ焼《や》きの横《よこ》の台を指《ゆび》さす。

五百円玉はなかった。淳はとっさに足元を見た。なかった。

「あれへんがな。」

お兄さんは首を動《うご》かして、台の上をじろじろ見わたした。

「ポケットからだして、おいた。」
③耕太は、むきになった。
淳は耕太がおかしかった。お兄さんはぼくたちをからかっているだけだ。このあとすぐに、ふふんと笑《わら》って、五百円玉をだしてくるに決《き》まっている。

淳はめずらしくお兄さんに笑いかけた。

そのとき、④お兄さんの声が突然《とつぜん》、はねあがった。

「どこの小学校や。」

淳はびっくりして、耕太にくっついた。

どうして、今、学校の名前なんだろう。


（大野圭子《おおのけいこ》「お父ちゃんの音や！」）

⑴ ①「耕太の声に重なるように」とは、「お兄さん」のどんな気持《きも》ちを表《あらわ》していますか。つぎからえらんで、記号《きごう》で答えなさい。（15点）

ア おもしろそうに、楽しんでいる気持ち。
イ いかりをふくんだ、ゆるさないぞという気持ち。
ウ おどろきながら、あきれる気持ち。

（　　）

⑵ ②「ここにおいた」とありますが、何をおいたと言っているのですか。できるだけくわしく書きなさい。（15点）

（　　）

⑶ ③「耕太は、むきになった」とは、「耕太」のどんな様子《ようす》を表していますか。つぎからえらんで、記号で答えなさい。（10点）

ア 決《けっ》してゆずるまいとする様子。
イ りかいできずに、おびえる様子。
ウ 相手《あいて》をきびしくせめる様子。

（　　）

⑷ ④「お兄さんの声が突然、はねあがった」とは、「お兄さん」のどんな様子を表していますか。つぎからえらんで、記号で答えなさい。（10点）

ア がっかりしてしまった様子。
イ すまないと思っている様子。
ウ おどかそうとしている様子。

（　　）

物《もの》語《がたり》(10)

時間 20分　合かく 40点　とく点 　/50点

勉強した日（　月　日）

1 つぎの文章《ぶんしょう》を読んで、あとの問《と》いに答えなさい。

かぎは、鉄《てつ》のさんにあたるとはねかえり、そして、すきまをとおって、ますの中へ落《お》ちていきました。

ちょっとのあいだ、①なにがおこったのか、わかりませんでした。

手には、かぎがありません。鉄のふたのすきまから、それは*側溝《そっこう》の、ふかいますの中に、落ちていったのです。

ひろしは②目の前が、くらくらしました。さんのあいだから中をのぞくと、かれ葉《は》やごみがいっぱいで、かぎはどこにあるのかわかりません。

③むねが、ドクドク、早くうちます。

ひろしは鉄のふたを、持《も》ちあげようとしました。でも重《おも》くて、びくともしません。

木のぼうをひろってきて、さんのあいだにつっこんで動《うご》かしてみましたが、ほんの少しも動きません。

買いもの帰りらしい、おばさんがとおりかかりました。

「いたずらしちゃ、だめ。このごろの子どもは、すぐそんなことして、ものをこわすんだから」

ひろしはひっかかりながら、いいました。

④「ぼくの……ぼくの自転車《じてんしゃ》の……」

おばさんは⑤こわい顔でにらむと、いそがしそうに、いってしまいました。

（沖井千代子《おきいちよこ》「ひろしの自転車」）

＊側溝…道路《どうろ》のわきにつくった排水《はいすい》用のみぞ。

(1) 「①なにがおこったのか」とありますが、「ひろし」に何が起《お》こったかをくわしく書きなさい。(10点)

（　　　　）

(2) 「②目の前が、くらくらしました」とは、どんな気持《きも》ちを表《あらわ》していますか。つぎからえらんで、記号《きごう》で答えなさい。(10点)

ア あわてて、あせっている気持ち。
イ おどろき、とてもこまった気持ち。
ウ 悲《かな》しくて、がまんできない気持ち。

（　　）

(3) 「③むねが、ドクドク、早くうちます」とありますが、そのようになったのは、なぜですか。つぎからえらんで、記号で答えなさい。(10点)

ア どうしようもないと感じたから。
イ どうでもいいやと感じられたから。
ウ 何とかなりそうだと思ったから。

（　　）

(4) 「④ぼくの……ぼくの自転車の……」とありますが、「ひろし」はこのあとどんなことを言おうとしたのでしょうか。ひろしの気持ちになって書きなさい。(10点)

（　　　　）

(5) 「⑤こわい顔でにらむと」とありますが、「おばさん」がそのような顔になったのは、なぜですか。(10点)

（　　　　）

勉強した日（　月　日）

時間	合かく	とく点
20分	40点	／50点

1 つぎの詩《し》を読んで、あとの問《と》いに答えなさい。

アネモネ
真田《さなだ》　亀久代《きくよ》

アネモネが咲《さ》いたから
①春がやっと来たから
小さな椅子《いす》をかかえていって
アネモネのそばにおこう

ひっそりと春を描《か》く
②みえない絵描きさんがどこかにいるんだ
きょうもまた
一輪《いちりん》二輪花を描きくわえている

アネモネの花にむかって
そっとお話をしよう
古い木椅子に
新しい春風といっしょにこしかけて

アネモネ
アネモネ
なんというやさしい名まえだ
白い雲を追《お》うように
みんなあおむいて
かがやいて

(1) この詩は、いくつのまとまり（連《れん》）でできていますか。数字で答えなさい。(6点)
（　　）

(2) この詩の作者《さくしゃ》の様子《ようす》が書かれているのは、何番目のまとまりですか。二つさがして、数字で答えなさい。(4点×2)
（　）番目と（　）番目

(3) ①「春がやっと来た」という言葉《ことば》は、どんな気持《きも》ちを表《あらわ》していますか。つぎからえらんで、記号《きごう》で答えなさい。(6点)
ア やっと春になって、うれしい。
イ とうとう春になって、こまった。
ウ もっと早く春になってほしい。
（　　）

(4) ②「みえない絵描きさん」は、何をしていますか。(8点)
（　　）

(5) この詩の作者は、アネモネの花のそばで何をしようとしていますか。できるだけくわしく書きなさい。(8点)
（　　）

(6) アネモネはどんな様子だといっていますか。「白い雲」、「上」という言葉を用いて書きなさい。(8点)
（　　）

(7) この詩にあてはまるものをつぎからえらんで、記号で答えなさい。(6点)
ア かた苦《くる》しく、重《おも》い感《かん》じを受《う》ける。
イ 弱々しく、こまやかな感じを受ける。
ウ やわらかで、明るい感じを受ける。
（　　）

100 最上級レベル 14

1 1　1　つぎの文章《ぶんしょう》を読んで、あとの問《と》いに答えなさい。

クラスの子の半分以上《いじょう》が「塾《じゅく》」に行っているのです。「塾」では、先のことをどんどん教えてくれるので、学校でやることを、もう先に知っている子が多いのです。

だから、村田《むらた》先生がちょっと話しはじめると、「知ってまーす」とか「ぼくできまーす」といって手を上げる子がいるのです。

村田先生も、

「わかっている子も、最後《さいご》までちゃんと聞きなさい！」って注意《ちゅうい》してくれるけど、はじめからそういうことなので、トシオやタケシは①やる気がなくなってしまうのです。

村田先生は、

「じゃ次《つぎ》、トシオ読んでみろ。」

といって、よくトシオやタケシにあててくれます。

トシオもタケシも一生けんめい読むのですが、読めない漢字《かんじ》がたくさんあるので、つっかえつっかえになってしまいます。

すると、「なんだあいつ、こんな字読めないのか」という声が聞こえてきます。

そうすると、どうせオレは、読めないんだョー、それがどうした！　っていう気になって②やになってしまうのです。

村田先生は、やさしく言ってくれるのに、さされればさされるほど、トシオもタケシも③みじめな気持《きも》ちになるのでした。

（野本三吉《のもとさんきち》「空にでっかい雲がわく」）

(1) ①「やる気がなくなってしまう」とありますが、そのようになるのは、なぜですか。つぎからえらんで、記号《きごう》で答えなさい。（10点）

ア 塾に行っている子たちが、先に知っていることをじまんするから。
イ クラスの子の半分以上が塾に行っていて、先のことを知っているから。
ウ 「村田先生」が塾に行っている子たちにきびしく注意しないから。

（　　）

(2) ②「やになってしまう」とありますが、そのようになるのは、なぜですか。（10点）

（　　）

(3) ③「みじめな気持ち」とは、どんな気持ちですか。つぎからえらんで、記号で答えなさい。（10点）

ア 自分たちだけすることがないように思う、たいくつな気持ち。
イ 自分たちがおとっているように感《かん》じる、悲《かな》しい気持ち。
ウ 自分たちとみんなはちがうと感じる、うらやましい気持ち。

（　　）

(4) 「村田先生」が、「トシオやタケシ」のことを気にかけていてくれることがわかる様子《ようす》を二つさがして、書きなさい。（10点×2）

（　　）
（　　）

1 20 40 60 80 100 120（回）

時間	合かく	とく点
20分	40点	50点

勉強した日（　月　日）

説《せつ》明《めい》文《ぶん》(5)

時間 20分
合かく 40点
とく点 ／50点
勉強した日〔 月 日〕

1 つぎの文章《ぶんしょう》を読んで、あとの問《と》いに答えなさい。

トンボの中には、羽化場所《うかばしょ》から外に出て行く種類《しゅるい》があるように、沼《ぬま》へやってくる種類もあります。

秋になると、ウスバキトンボという黄色いトンボが多く見られます。空き地を群《む》れて飛《と》ぶので、ときどきアカトンボの大群《たいぐん》とまちがえられます。

このウスバキトンボは、南の国で羽化し、太平洋《たいへいよう》を渡《わた》って日本にまで飛んでくるのです。台風のあと大群が各地《かくち》で観測《かんそく》され、ときどき話題《わだい》になります。

日本に上陸《じょうりく》したウスバキトンボは、水たまりを見つけると卵《たまご》をうみます。四〜五日でふ化した幼虫《ようちゅう》は、水温《すいおん》の高い夏には成長《せいちょう》が早く、約《やく》一か月で羽化します。

日本で生まれたウスバキトンボが、成熟《せいじゅく》して卵《たまご》をつぎつぎにうんでいけば、日本中がウスバキトンボにおおわれてしまいそうなのですが、残念《ざんねん》ながら、南の国のトンボたちのためか寒《さむ》さによわく、成虫も幼虫も日本の冬を越《こ》すことができず、毎冬全滅《ぜんめつ》しています。

いつかはきっと、日本に定着《ていちゃく》する日をゆめ見て、むなしい片道飛行《かたみちひこう》を毎年くりかえしているのです。

ギンヤンマやチョウの類《たぐい》、ウンカやガの類も大移動《いどう》をします。広い太平洋上は、意《い》外《がい》にもこん虫たちでこみ合っているのかもしれませんね。

（細田昭博《ほそだあきひろ》「トンボの沼から」）

(1) ウスバキトンボとは、どんなトンボですか。あてはまる言葉《ことば》を書きなさい。(5点×2)

［　　　］から［　　　］を渡って日本にくるトンボ。

(2) ウスバキトンボは、どこをどのように飛びますか。文章中の言葉《ことば》をぬき出して答えなさい。(10点)

（　　　　）

(3) 生まれたウスバキトンボの、夏と冬の生《せい》育《いく》の様子《ようす》を書きなさい。(5点×2)

夏（　　　　）

冬（　　　　）

(4) ウスバキトンボが日本に来ることを、どのように表《あらわ》していますか。文章中の八字の言葉で答えなさい。(10点)

［　　　　　　　　］

(5) 「広い太平洋上は、意外にもこん虫たちでこみ合っているのかもしれませんね」とありますが、そのようにいえるのは、なぜですか。(10点)

（　　　　）

1 つぎの文章《ぶんしょう》を読んで、あとの問《と》いに答えなさい。

植物《しょくぶつ》が育《そだ》つのにちょうどよい温度《おんど》は、その植物の種類《しゅるい》によってもちがいます。もともと南の暑《あつ》い地方に育っていた植物は寒《さむ》さによわく、北の寒い地方の植物は、暑さがにがてなのがふつうです。

日本人が主食《しゅしょく》にしている米がとれるイネは、もともと暑い地方の植物だったのですが、このごろは、いろいろな研究《けんきゅう》によって、寒さにも強い品種《ひんしゅ》ができ、北海道《ほっかいどう》でもさいばいできるようになりました。

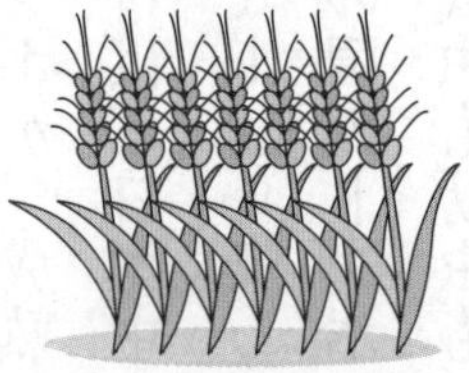

たねも発芽《はつが》にてきした温度があります。トウモロコシは、十度以上《いじょう》にならないと発芽しませんが、コムギは、およそ五度になれば発芽するといったちがいがあるのです。

ふつう、温度の高いほうが早く発芽しますが、あまり高くなりすぎると、発芽しにくくなります。

①温度をいろいろかえ、発芽するまでの時間をくらべてみるとよいでしょう。

日光のあたりかたのちがいや、気温、地温の高さは、植物が育つうえで大きな関係《かんけい》があります。

三月から六月にかけては、日光のあたっている時間がだんだん長くなる季節《きせつ》で、気温や地温もだんだんと高くなってきます。多くの草や木は、②この季節にどんどん大きく育ちます。

（荒井《あらい》 孝《たかし》「芽《め》がでた、育った」）

(1) この文章は、何について説明《せつめい》していますか。つぎからえらんで、記号《きごう》で答えなさい。(10点)

ア 植物と寒さの関係について。
イ 植物と温度の関係について。
ウ 植物と日光の関係について。

（　　）

(2) 「イネ」の説明と合うものをつぎからえらんで、記号で答えなさい。(10点)

ア 寒い地方の植物なので、暑さにはとても弱い。
イ 南の地方でできた植物だが、寒さに強いほうである。
ウ 暑い地方の植物だが、このごろは寒さに強いものもある。

（　　）

(3) ①「温度をいろいろかえ、発芽するまでの時間をくらべてみる」とありますが、そのようにするのは、何のためですか。あてはまる言葉を書きなさい。(10点)

［　　　　　　］をたしかめるため。

(4) ②「この季節にどんどん大きく育ちます」とありますが、そのようになるのは、なぜですか。理由を二つ書きなさい。(10点×2)

（　　）
（　　）

時間 20分
合かく 40点
とく点
50点

勉強した日（　月　日）

時間	合かく	とく点
20分	40点	50点

勉強した日（　月　日）

1 つぎの文章《ぶんしょう》を読んで、あとの問《と》いに答えなさい。

ジャガイモは、だれでも知っているとおり、ふつうはタネイモを植《う》えて育《そだ》てますが、アサガオやヒマワリなどはタネをまきます。アブラナやダイズだって、タネをまいて育てていきます。

しかし、ダリアやチューリップ、グラジオラスだと大きな球根《きゅうこん》で育てます。そして、キクの場合は、かぶ分けという方法《ほうほう》でふやします。でも、ダリアやキクにだってちゃんとタネはできるのです。

かぶ分けや、球根から育てた場合、ダリアやキクははじめからいきなりたくさんの本葉《ほんば》のついた茎《くき》をのばしますが、これらも実生《みしょう》（タネをまいて育てること）させると、ちゃんとふた葉がのびてきて、「ああ、キクもダリアも、双子葉植物《そうしようしょくぶつ》だったんだ。」ということにきがつきます。

双子葉植物というのは、タネから発芽《はつが》した場合に、アサガオやヒマワリのように、はじめにふた葉をのばすなかまのことをいいます。これに対して、子葉を一枚《まい》しかのばさないなかま、イネやトウモロコシ、それにススキなどは単子葉《たんしよう》植物とよびます。

「ジャガイモは双子葉植物だ。ふた葉をのばすなかまなんだ。それをたしかめるためには、どうしてもタネが必要《ひつよう》だ。タネイモを植えたんでは、はじめから本葉だけの茎がのびてしまう。」

こうして、わたしはジャガイモのタネさがしをはじめました。

（おくやまひさし「ジャガイモ畑《ばたけ》の一年間」）

(1) ふつう、タネをまいて育てる植物のれいを四つ書きなさい。（3点×4）

（　　）（　　）（　　）（　　）

(2) ふつう、球根から育てる花のれいを三つ書きなさい。（3点×3）

（　　）（　　）（　　）

(3) 「双子葉植物」、「単子葉植物」とはそれぞれどんな植物ですか。（6点×2）

・双子葉植物（　　）

・単子葉植物（　　）

(4) 「単子葉植物」のれいを三つ書きなさい。（3点×3）

（　　）（　　）（　　）

(5) 「わたし」が「ジャガイモのタネさがし」をはじめたのは、なぜですか。（8点）

（　　）

1 つぎの文章《ぶんしょう》を読んで、あとの問《と》いに答えなさい。

あなたは、夜ねむっているときに、どんなゆめを見ますか。空をとんでいるゆめ、あなに落《お》ちたゆめなど、いいゆめも、悪《わる》いゆめもあるでしょう。また、ゆめを見たような気がするけれど、目がさめたら、どんなゆめかおもいだせない、ということもあります。

なぜ、ゆめを見るのかについて、ほんとうのわけは、まだよくわかっていません。ある学者《がくしゃ》は、おぼえておくひつようがなくなったものがゆめになる、と考えています。ほかの学者は、心のおくでおもっていることが、ゆめとかんけいがある、と考えています。どちらの考えかたも、ほんとうかどうか、たしかめられていません。

でも、いつ、ゆめを見るのかは、わかっています。

ねむりには、深《ふか》いねむりと、あさいねむりがあります。ふつう、夜ねむっているあいだは、深いねむりとあさいねむりを、じゅんばんに四回くらい、くりかえしています。

ねむっている人の目をじっと見ていると、まぶたのうらの目玉が、ときどきぐるぐると、うごきます。このときは、あさいねむりになっています。ゆめは、このあさいねむりのときに見ているのです。

（久道健三《ひさみちけんぞう》「科学　なぜ　どうして　三年生」〈偕成社〉）

(1) この文章は、内ようのうえから大きく三つのまとまりに分けられます。二つめと三つめは、どの文から始《はじ》まりますか。はじめの五字を書きなさい。（、や。もふくみます。）（5点×2）

・二つめのまとまり

・三つめのまとまり

(2)「ゆめ」のれいとして、どんなゆめがあげられていますか。二つ書きなさい。（5点×2）

（　　）（　　）

(3) ゆめを見るわけについて、どのような考え方が書かれていますか。二つ書きなさい。（5点×2）

（　　）（　　）

(4) 人はどのようにしてねむるといっていますか。（10点）

（　　）

(5) 人はどんなときにゆめを見るといっていますか。（10点）

（　　）

時間 20分
合かく 40点
とく点 　　50点
勉強した日〔　月　日〕

説《せつ》明《めい》文《ぶん》(7)

時間	20分
合かく	40点
とく点	/50点

勉強した日〔　月　日〕

1 つぎの文章《ぶんしょう》を読んで、あとの問《と》いに答えなさい。

子ギツネたちが巣穴《すあな》の外にでて遊《あそ》ぶようになると、ワシやタカやテンやイタチが①それをねらう。日本のキツネの外敵《がいてき》はそれほど多くないが、外国ではオオカミやヤマネコも②これに加《くわ》わるから、ゆだんもすきもないんだ。

親ギツネは夏のあいだ、子ギツネを学習《がくしゅう》体験旅行《たいけんりょこう》につれだす。学習の目的《もくてき》は、狩《か》りのしかたで、親は子にそのノウハウをおしえこむ。そして秋が深《ふか》まってくると、子別《こわか》れがはじまる。③ひとりだちの日にそなえてのことだ。

キツネはホームレンジ（なわばり）のなかに、いくつかの巣穴をもっていて、子別れが近づくと、親は子を追《お》いだしやすい、ホームレンジのはしにある巣穴に移動《いどう》していくとか。じつにかしこい。

子別れは、話し合いでなごやかにおこなわれるわけではなく、親が子をはげしく攻《こう》撃《げき》するのである。どんなにかわいがってきた子どもであろうと、本気でかみついてホームレンジから追いだし、独立《どくりつ》させる。いやはや、自然《しぜん》のおきてはきびしい。だが、なかには親ばなれできなくて、つぎの年の春まで親と同居《どうきょ》するものもいるようだ。

子ギツネは生後半年で、原則《げんそく》としていやおうなしに、おとなのなかまいりをさせられる。

（木暮正夫《こぐれまさお》「キツネとタヌキの大研究《だいけんきゅう》」）

(1) この文章は主《おも》に何について書かれていますか。つぎからえらんで、記号《きごう》で答えなさい。(7点)

ア 子ギツネの外敵について。
イ 子ギツネの育て方について。
ウ 子ギツネのけんかについて。

（　　）

(2) 「①それ」、「②これ」は、それぞれ何を指《さ》していますか。(5点×2)

① それ（　　）
② これ（　　）

(3) 親ギツネは、夏の間何をしますか。あてはまる言葉《ことば》を書きなさい。(3点×4)

［　　　　］にそなえて、［　　　　］に［　　］のしかたをおしえこむ。

(4) 「③ひとりだち」と同じような意味《いみ》を表《あらわ》す言葉を、文章中から漢字《かんじ》二字でぬき出しなさい。(7点)

［　　］

(5) 「子別れ」が近づくと、親ギツネは何をしますか。(7点)

（　　）

(6) 「子別れ」は、どのようにして行われますか。(7点)

（　　）

説《せつ》明《めい》文《ぶん》(7)

時間 20分　合かく 40点　とく点 ＿＿ 50点

勉強した日(　月　日)

1 つぎの文章《ぶんしょう》を読んで、あとの問《と》いに答えなさい。

①明るいところから、ちょっと暗《くら》いところにはいったとき、暗さに目がなれるまでは、よく見えないことがあります。たとえば、トンネルや映画館《えいがかん》にはいったときなどに、こういうことがおこります。しかし、二分から三分して、暗さに目がなれてくると、見えてきます。

わたしたちの目は、まんなかにまるい黒い部分《ぶぶん》がありますね。これを「②ひとみ」といいます。わたしたちがものを見ることができるのは、このひとみをとおして、光が目の中にはいるからです。目のおくには、「③網膜《もうまく》」という、カメラのフィルムのようなものがあって、はいってきたさまざまな光を、この網膜が感《かん》じることで、ものが見えるようになるのです。

ひとみは、大きくなったり小さくなったりします。暗いところでは、大きくひろがります。よく見ようとして、少しでも多く光をとりいれようとするためです。映画館などの暗いところにはいったときが、そうです。

ところが、網膜は、その少しの光をすぐには感じとってくれません。感じとれるようになるまでには、二、三分ほどかかります。ですから、そのあいだは、まだよく見えないのです。しかし、いったん見えるようになれば、それからは、ずっとおなじように見えます。

(久道健三《ひさみちけんぞう》「科学 なぜ どうして 三年生」〈偕成社〉)

(1) 「①明るいところから、ちょっと暗いところ」にはいると、見え方はどうなりますか。(10点)

(　　　　)

(2) 「②ひとみ」とは何ですか。わかりやすく書きなさい。(8点)

(　　　　)

(3) 「③網膜」とは、何をするためのものですか。(8点)

(　　　　)

(4) 「ひとみ」が大きくなるのは、何のためですか。(8点)

(　　　　)

(5) 暗いところで、網膜が少しの光を感じとるまでには、どれくらいかかりますか。(8点)

(　　　　)

(6) あることがらをたとえを使《つか》って、わかりやすく説明《せつめい》しているところがあります。その部分《ぶぶん》を十四字でぬき出しなさい。(8点)

時間	合かく	とく点
20分	40点	/50点

勉強した日（　月　日）

1 つぎの文章《ぶんしょう》を読んで、あとの問《と》いに答えなさい。

よく、特《とく》に若《わか》いときは、なんでも自分の言うことをきいてくれる人を「やさしい」と、かんちがいすることがあります。なんでも言いなりになるというのは、たいていの場合、その人は気が弱いのです。

本人に悪気《わるぎ》はないので、こういう言い方はよくないのですが、それは「①見せかけのやさしさ」です。

②そういう人は、いざというときにあなたの力にはなってくれません。一緒《いっしょ》に悩《なや》んではくれるでしょう。オロオロもしてくれるでしょう。

でも、実際問題《じっさいもんだい》として、力を貸《か》したくても、精神的《せいしんてき》にもその他《ほか》の面《めん》でも力不足《ちからぶそく》でどうにもならないといったことになります。

真《しん》にやさしい人というのは、しっかりとした自分の考えをもち、やたらに人に頼《たよ》らずに、自分の足で力強く人生を歩んでいきます。それだけに、その内面《ないめん》には③やさしさとともに厳《きび》しさを秘《ひ》めています。

そういうお友だちは、いつもあなたに都《つ》合《ごう》のよいことばかりは言ってくれません。④ときにはあなたに厳しく忠告《ちゅうこく》したり、ズバリと批判《ひはん》したりもするでしょう。

あなたにしてみれば、それは聞きたくない言葉《ことば》かもしれませんが、すなおに耳をかたむけてみてください。すなおになれば、それが意地悪《いじわる》ではなく、あなたを思いやっての言葉だということが、直感的《ちょっかんてき》にわかるはずですから。

（結城《ゆうき》モイラ「きっと会えるよ！　新しい自分」〈ポプラ社〉）

(1) この文章の話題《わだい》をつぎからえらんで、記《き》号《ごう》で答えなさい。（10点）

ア 持《も》つべきでない友だちについて。

イ 助《たす》けてくれそうな友だちについて。

ウ 本当に大切な友だちについて。

（　　）

(2) 「①見せかけのやさしさ」しかない人とくらべ合っているのは、どんな人ですか。七字で書きなさい。（10点）

(3) 「②そういう人は、いざというときにあなたの力にはなってくれません」とありますが、それはなぜですか。（10点）

（　　）

(4) 「③やさしさとともに厳しさ」は、何から生まれてくるのですか。三十五字以内《いない》にまとめて書きなさい。（10点）

(5) 「④ときにはあなたに厳しく忠告したり、ズバリと批判したりもするでしょう」とありますが、そのように言うときの言葉は、どんな言葉だといっていますか。（10点）

（　　）

上級レベル 108

記録文《きろくぶん》・意見文《いけんぶん》(3)

時間	合かく	とく点
20分	40点	/50点

勉強した日（　月　日）

1 つぎの文章《ぶんしょう》を読んで、あとの問《と》いに答えなさい。

〔筆者《ひっしゃ》は、マッキンリーという高い山でそうなんしそうになりました。〕

鳥はかちんかちんにこおって目をつむっていた。それを見つめていると、ふと自分もこのように死《し》ぬのかなと思った。死んでもしかたないと思った。それくらい、あたりは①静《しず》けさだけのひっそりした世界《せかい》だった。②ぼくはその鳥を豆粒《まめつぶ》の点のように感《かん》じた。ぼくだって、いま点にすぎなかった。すべてがちっぽけな点にすぎなかった。ぼくは青い青い空を見上げて、なんだかしみじみとすきとおった世界を感じていた。美《うつく》しくて透明《とうめい》な気持《きも》ちにおそわれていた。

その時ぼくは③何か大事《だいじ》なことを発見《はっけん》したような気がして感動《かんどう》していた。日ごろの悩《なや》みや、いろいろなつらさ、さまざまなコンプレックス、そんなものはじつにちっぽけなことであるにすぎないということがわかったのだ。すべては点だ。点にすぎないのだ。点にすぎないということが④社会の中にいるとわからなくなってくるのだ。だが、ここにくればわかるのだ。

べつにマッキンリーまでこなくたっていい。悩みをかかえる者《もの》は、一度《いちど》どこかの山に行ってみたらいい。すると、日ごろ悩んでいたことがちっぽけで取《と》るにたらないことだってことがよくわかる。

（野口《のぐち》 健《けん》「あきらめないこと、それが冒険《ぼうけん》だ」）

(1) 「①静けさだけのひっそりした世界」と同じように、筆者がいる世界のことを表《あらわ》している言葉《ことば》をぬき出しなさい。(10点)

（　　　　）

(2) 「②その鳥」を見て、筆者は自分のことをどのように感じるようになりましたか。(8点)

（　　　　）

(3) 「③何か大事なこと」とは、どんなことですか。三十五字ていどにまとめて書きなさい。(12点)

(4) 「④社会の中にいるとわからなくなってくる」とありますが、どうすればいいといっていますか。(10点)

（　　　　）

(5) 筆者の考えにあてはまるものをつぎからえらんで、記号で答えなさい。(10点)

ア 自然《しぜん》の中にいれば自分のことがよくわかるようになる。

イ 美しい気持《き》ちをもてば、つらい気持ちは消えてしまう。

ウ 社会からはなれれば、悩みなどはすぐになくなる。

（　　）

日記文・手紙文 (3)

時間	合かく	とく点
20分	40点	/50点

勉強した日　月　日

1 つぎの日記を読んで、あとの問《と》いに答えなさい。

おみまい

六月六日

山口　菜奈《なな》

今日、となりの席《せき》のゆう子ちゃんが学校を休みました。わたしは、話し相手がいなかったので、一日中とてもたいくつでした。□、学校がおわったら、おみまいに行こうと思いました。

わたしは、六時間目の授業中《じゅぎょうちゅう》、(早くおわらないかな。早くおわらないかな。)と、心の中でずっと考えていました。

家に帰って、おみまいのおかしを用意《ようい》し、手紙を書きました。

「ふじたさーん!」

「はーい。」

返事《へんじ》だけで、だれも出てきません。お庭《にわ》を通ってげんかんまでいったら、だれかがドアをあけました。ゆう子ちゃんでした。

ゆう子ちゃんは、小ちゃな高い声でした。

わたしたちは、そこでおしゃべりをしてわかれました。

あしたは学校へ行けそうなくらい元気でした。

(1) 「山口さん」は、だれのおみまいに行きましたか。みょう字と名前の両方《りょうほう》を書きなさい。(8点)

(　　　　)

(2) 文章中の□にあてはまる言葉《ことば》をつぎからえらんで、記号《きごう》で答えなさい。(8点)

ア すると　イ だから　ウ けれども

(　　)

(3) 「山口さん」が早くおみまいに行きたいと思っていることがよく表《あらわ》されている文をさがし、そのはじめの六字をぬき出しなさい。(、や。もふくみます。)(8点)

□□□□□□

(4) 「山口さん」がおみまいのために相手《あいて》の家に行った場面《ばめん》は、どこから始《はじ》まりますか。はじめの文をぬき出しなさい。(8点)

(　　　　)

(5) おみまいに行った相手の体のぐあいは、どんな様子《ようす》でしたか。(8点)

(　　　　)

(6) この日記でくふうされている点はどんなところですか。つぎからえらんで、記号で答えなさい。(10点)

ア 会話したときの言葉をうまく使《つか》っているところ。

イ 心配《しんぱい》する気持《きも》ちをくわしく書いているところ。

ウ 相手の様子をたとえで表しているところ。

(　　)

時間 20分
合かく 40点
とく点 ／50点
勉強した日［　月　日］

1 つぎの手紙を読んで、あとの問《と》いに答えなさい。

おじいちゃんへ

　おじいちゃん、こんにちは。おかげんはいかがですか。カゼをひかれて、よくセキをしていると、おばあちゃんから聞いて、ずっと心配《しんぱい》していました。だんだんさむくなってきたので、カゼがひどくならないようにしてください。

　おじいちゃんの家へは、毎年お正月に行っていますが、今年も行きますね。わたしは、おじいちゃんの家ですごすお正月が大すきです。なぜなら、おじいちゃんがつくってくれるおもちはおいしいし、近くの山の中にある神社《じんじゃ》へ行くと、気もちがすっとおだやかになるからです。

　今年は、ざんねんながら兄さんは、いっしょに行けません。兄さんは、来月になったら、アメリカへ行って、一月までそこで勉強《べんきょう》することになったからです。いいなあ。どこで何をするのか、くわしく聞いておきますね。

　そうそう、お母さんからの伝言《でんごん》です。今《こん》度《ど》行く時に、おじいちゃんが大すきなおせんべえやおまんじゅうをたくさんもって行く［　　］。それから、おばあちゃんには、あったかいコートをもって行きますね。そのかわり、わたしに、お年玉をふんぱつしてね。

　では、また来月ね。さようなら。

ようこ

(1)「ようこ」さんは、「おじいちゃん」にいくつのことがらを伝《つた》えていますか。数字で書きなさい。(8点)

（　　　）

(2)「ようこ」さんは、「おばあちゃん」からどんなことを聞いていましたか。(8点)

（　　　）

(3)「ようこ」さんは、なぜ、正月に「おじいちゃん」の家に行くのがすきなのですか。二つ書きなさい。(5点×2)

（　　　）

（　　　）

(4)文章《ぶんしょう》中の［　　］にあてはまる言葉《ことば》をつぎからえらんで、記号《きごう》で答えなさい。(8点)

ア からです　イ そうです

ウ ようです　エ ます

（　　　）

(5)この手紙の終《お》わりのあいさつの言葉をぬき出しなさい。(8点)

（　　　）

(6)この手紙でくふうされているところはどんなところですか。つぎからえらんで、記号で答えなさい。(8点)

ア よけいなことはあまり言わないように書かれている点。

イ 親しみやすい言葉で、くわしく書かれている点。

ウ 伝えたいことがまとまりごとに書かれている点。

（　　　）

時間	20分
合かく	40点
とく点	/50点

勉強した日（　月　日）

1 つぎの文章《ぶんしょう》を読んで、あとの問《と》いに答えなさい。

〔「優治《ゆうじ》」は、子ダヌキに「ミュー」という名前をつけて、育《そだ》てていました。〕

優治は、えんがわから家にあがりこんだ。ミューが走ったほうにおいかけた。

ミューはいちばん奥《おく》の部屋《へや》、床《とこ》の間《ま》の前にいた。しかし、優治に気づいたのか、こんどは急《きゅう》にひきかえして台所《だいどころ》のほうに走った。

つい二日前歩きだしたばかりなのに、すばやい早さの走りだった。

台所に来たのはまちがいないのに、優治はミューのすがたが探《さが》せない。台所と続《つづ》いている風呂《ふろ》のカマ場ものぞいてみた。そこにもミューのすがたはなかった。

「ミュー、ミュー」

と優治が呼《よ》んだ。

①こたえろ！　と、心の中でいいながら耳をすましました。

名前を呼んで、ミューが鳴いてこたえたことはない。けれど、②こたえてもらわなかったらどうしようもない。気づかないうちに、外に逃《に》げてしまったのだろうか。優治は泣《な》きたくなった。

「ミュー」

林道見まわりにも行かなくてはいけない。

あせってもう一度叫《さけ》ぶように呼んだ。

③タン、タン、と水道のじゃ口からしたたる水の音がした。

（花鳥賊康繁《はないかやすしげ》「タヌキ森のなかまたち」）

(1) 「ミュー」がまだおさないことがわかる言《こと》葉《ば》を、十三字でぬき出しなさい。（10点）

(2) 「①こたえろ！　と、心の中でいいながら」とありますが、これは「優治」のどんな気《き》持《も》ちを表《あらわ》していますか。つぎからえらんで、記号《きごう》で答えなさい。（15点）

ア 弱気になりそうな自分をはげまそうとする気持ち。

イ にげ出したことをひどくおこっている気持ち。

ウ 何とかして早く見つけようとあせっている気持ち。

（　　）

(3) 「②こたえてもらわなかったらどうしようもない」とは、どんなことを表していますか。つぎからえらんで、記号で答えなさい。（10点）

ア ミューがどこにいるのか見当もつかないということ。

イ ミューが元気でいるかどうかがわからないということ。

ウ ミューがはじめて鳴くかどうか気になったということ。

（　　）

(4) 「③タン、タン、と水道のじゃ口からしたたる水の音がした」とは、どんなことを表していますか。つぎからえらんで、記号で答えなさい。（15点）

ア しずけさ　イ まずしさ

ウ おそろしさ　エ さわがしさ

（　　）

時間 20分　合かく 40点　とく点 ／50点

勉強した日〔　月　日〕

1 つぎの文章《ぶんしょう》を読んで、あとの問《と》いに答えなさい。

赤いイチゴを動物《どうぶつ》が見つけ、よろこんで食べたとしましょう。あの小さな①ほんとうの実《み》はかたいからをかぶっているので、ほとんど丸のみにされます。赤くておいしいところは、おなかの中で消化《しょうか》されてなくなってしまいますが、小さな実は、そのままフンといっしょに外にだされます。すると、その場所《ばしょ》で、フンを肥料《ひりょう》として、イチゴが芽《め》をだして育《そだ》っていくことができるようになります。

せっかく赤くおいしいイチゴがみのっても、動物が食べてくれなかったら、その場でくさってしまい、ほんとうの実の中のたねも芽をだすことができなくなってしまうでしょう。

つまり、②実が動物に食べられることは、植物《しょくぶつ》にとってけっしてわるいこととはいえないのです。

③動物に食べられることを予想《よそう》しているとおもえるような実はたくさんあります。こうした実は、中のたねがしっかりとできあがるまでは、目だたない色をしていて、動物に実ができていることがわかりにくくなっています。たまたま見つけて食べても、しぶかったり、にがかったり、すっぱかったりして、もう二度《にど》と食べるのはよそうとおもうようなあじをしているのです。

（菊田英一《きくたえいいち》「新・小学校理科の教室2　実やたねができた」）

(1) 「①ほんとうの実」とありますが、イチゴのほかのところを、何といっていますか。文章中から十字でぬき出しなさい。（10点）

(2) 「②実が動物に食べられることは、植物にとってけっしてわるいこととはいえない」とありますが、どんないいことがありますか。（10点）

（　　　　）

(3) 「③動物に食べられることを予想しているとおもえるような実」とありますが、どのようなくふうがなされていますか。二つ書きなさい。（10点×2）

（　　　　）

（　　　　）

(4) この文章にあてはまるものをつぎからえらんで、記号《きごう》で答えなさい。（10点）

ア　植物の実は、動物たちに食べられてしまうものが多いといえる。

イ　植物は、動物がいないほうが平和にくらすことができるといえる。

ウ　植物は、動物を自分のためにうまくりようしているといえる。

（　　）

113 仕上げテスト ①

1 20 40 60 80 100 120（回）

1 つぎの——の漢字《かんじ》の読み方を書きなさい。（1点×12）

① 品物をみんなに配る。（　）（　）（　）

② 自分の席に早く着きなさい。（　）（　）（　）

③ 運動会が間もなく始まる。（　）（　）（　）

④ 幸せな一生を送る。（　）（　）（　）

⑤ 暑いので、バスのまどを開ける。（　）（　）

⑥ 研究の成果《せいか》を発表する。（　）（　）

2 つぎの言葉《ことば》を漢字で書きなさい。（3点×4）

① 父は［　　］《しごと》に出かけた。

② 母がとても［　　］《しんぱい》している。

③ 日のさす［　　］《ほうこう》にのびる。

④ ［　　］《みずうみ》で魚をつる。

3 かなづかいの正しいほうをえらんで、○をつけなさい。（2点×7）

① 大雨　（　）おおあめ　（　）おうあめ

② 時計　（　）とけい　（　）とけえ

③ 地面　（　）ぢめん　（　）じめん

④ 小包み　（　）こずつみ　（　）こづつみ

⑤ 三日月　（　）みかづき　（　）みかずき

⑥ 通り道　（　）とうりみち　（　）とおりみち

⑦ 王子様　（　）おうじさま　（　）おおじさま

4 ——の言葉とにた意味《いみ》の言葉、または反《はん》対《たい》の意味の言葉をあとからえらんで、記《き》号《ごう》で答えなさい。（2点×6）

① 道理をわきまえる。……（　）

② 内ように同意する。……（　）

③ 安全な方法《ほうほう》を考える。……（　）

④ 理想の国をつくる。……（　）

⑤ 真心を感《かん》じる。……（　）

⑥ 公園に集合する。……（　）

ア さんせい　イ げんじつ　ウ せいい　エ すじみち　オ きけん　カ かいさん

時間 20分
合かく 40点
とく点　　/50点

勉強した日（　月　日）

114 仕上げテスト ②

時間 20分　合かく 40点　とく点 ／50点

勉強した日（　月　日）

1 つぎの文の主語《しゅご》には――を引き、述語《じゅつご》は□でかこみなさい。（2点×5）

① わたしは、ねえさんといっしょにお母さんを手伝《てつだ》った。

② 妹はいつも、やさしい声で歌を歌います。

③ 冬の夜空に星がいっぱいかがやいていた。

④ きょうの夕やけは、とてもきれいだ。

⑤ どこか遠くから大きなサイレンの音が聞こえてきた。

2 つぎの漢字の↓の部分《ぶぶん》は何画目に書きますか。数字で答えなさい。（2点×5）

① 君（　　）画目

② 式（　　）画目

③ 曲（　　）画目

④ 度（　　）画目

⑤ 氷（　　）画目

3 ――の言葉《ことば》がかざっている言葉を、□でかこみなさい。（2点×6）

① 急《きゅう》に、車の前をねこが横切《よこぎ》った。

② いっさいのめんどうな手間ははぶきましょう。

③ わたしには、いっさいそのようなおぼえがありません。

④ 木の上でたくさんの鳥が鳴いている。

⑤ しっかりとしばったので、かんたんにはとけないだろう。

⑥ あなたのもっともすきな本は何ですか。

4 つぎの漢字《かんじ》の部首名《ぶしゅめい》をひらがなで書きなさい。（2点×6）

① 医（　　）

② 間（　　）

③ 院（　　）

④ 宮（　　）

⑤ 温（　　）

⑥ 部（　　）

5 つぎのローマ字の言葉を、ひらがなに直しなさい。（1点×6）

① Siroi yôhuku o kiru.

② Tomodati to issyoni asobu.

③ Zitensya ni notte dekakeru.

④ Kireina yûyake ga mieru.

⑤ Happi o kite omaturi ni iku.

⑥ Tôsan ga kaeru to uresii.

115 仕上げテスト ③

時間	合かく	とく点
20分	40点	/50点

勉強した日〔　月　日〕

★1 つぎの文章《ぶんしょう》の——の言葉《ことば》が指《さ》している内容を、それぞれ決《き》められた字数以内《いない》で書きなさい。(5点×4)

① 公園で、友だちがボールけりをして遊《あそ》んでいた。用事《ようじ》がなかったら、ぼくもそれをやりたかったんだ。(十五字まで)

② やわらかい光がへやのまどからさしこんでいました。それは、新しい朝の始《はじ》まりを教えていました。(二十五字まで)

③ おとうさんはせすじを正して、ピアノの前にすわりました。そして、しずかに曲《きょく》をひき始めました。それはとても美《うつく》しい様子《ようす》でした。(四十字まで)

④ どうすべきかまよったときには、自分の心にしずかに問《と》いかけてみるとよい。そうすると、おのずと答えがわかるものです。(三十五字まで)

★2 つぎの文の（　）にあてはまる言葉をあとからえらんで、書きなさい。(3点×5)

① 今夜の月はとてもきれいですね。（　　）、明日《あす》は何時に起《お》きるつもりですか。

② 暑《あつ》いので、水をお持《も》ちしましょうか。（　　）、お茶のほうがよろしいでしょうか。

③ ぼくは、本を読むのがとくいではありませんでした。（　　）、少しずつ読んでいたら、ずいぶん楽に読めるようになりました。

④ 風がふき出しました。（　　）、雨さえまじるようになりました。

⑤ 新しい駅《えき》がもうすぐ完成《かんせい》しそうです。（　　）、このあたりもずいぶんべんりになると思います。

それで　けれども　さらに
あるいは　ところで

★3 つぎの（　）にあてはまる漢字を一字で書きなさい。(3点×5)

① （　）がめいる

② 頭（　）をあらわす

③ のどから（　）が出る

④ （　）が知らせる

⑤ （　）もたてもたまらず

勉強した日（　月　日）

時間 20分

合かく 40点

とく点 　／50点

1 つぎの詩《し》を読んで、あとの問《と》いに答えなさい。

タネつぶ

本郷《ほんごう》 健一《けんいち》

おや？　タネつぶだ
どこから紛《まぎ》れ込《こ》んだのだろう
文の句《く》ぎりの
点のように
用紙の上に　のっている

白い花にひらく
のだろうか
やさしいハートの葉《は》になる
のだろうか
ぐんぐんとのびるつるになる
のだろうか
それとも
大きな木になって
実をつけ　トリたちを
よびよせる
のだろうか

希望《きぼう》を　抱《いだ》いて
今にも
未来《みらい》へ　旅立《たびだ》てる
かたちで

(1) この詩は、いくつのまとまりからできていますか。数字で答えなさい。（8点）

（　　　）

(2) 「タネつぶ」のことをたとえている書き表《あらわ》し方を十一字でぬき出しなさい。（8点）

□□□□□□□□□□□

(3) 「タネつぶ」が未来になるかもしれないと考えているものを、四つ書きなさい。（4点×4）

（　　　）
（　　　）
（　　　）
（　　　）

(4) (3)のようになることを、どのように表していますか。（8点）

（　　　）

(5) 「未来へ　旅立てる／かたち」とは、どのようなことを表していますか。つぎからえらんで、記号《きごう》で答えなさい。（10点）

ア タネつぶが今のままの様子《ようす》で、長い間にわたってのこっていくだろうということ。

イ タネつぶはなくなってしまうことなく、つぎつぎと生まれつづけていくだろうということ。

ウ タネつぶがこれから大きく成長《せいちょう》して、りっぱなものになるはずだということ。

（　　　）

117 仕上げテスト ⑤

時間 20分
合かく 40点
とく点 ／50点
勉強した日〔　月　日〕

1 つぎの文章《ぶんしょう》を読んで、あとの問《と》いに答えなさい。

いつもよりたくさんやさいをもいだから、かごからあふれそうになった。

ぼくはポケットから、用意《ようい》してきたビニールぶくろを取《と》りだして、かごのやさいを入れた。

「こうちゃん、そんなにやさいを入れたら、重《おも》たくなっちゃうよ。」

おばあちゃんは、心配《しんぱい》そうに、ぼくの手もとをのぞきこむ。

「だいじょうぶ、だいじょうぶ。」

ぼくは①歌うように言って、やさいでふくらんだビニールぶくろを、持《も》ちあげた。

しばらく行くと、うでにふくろの持ち手がくいこんで、まっかになった。でも、おばあちゃんのかごのほうが、ずっと重たそうだ。

「おばあちゃん、だいじょうぶ？」

「ふふふ、おばあちゃんも、だいじょうぶ、だいじょうぶさ。」

と、おばあちゃんも、歌うように答えた。

よーし、ぼくもがんばるぞ。

あせだくで家に着《つ》くと、ぼくとおばあちゃんは、げんかんの前に、やさいの入ったかごと、ビニールぶくろをおいた。

「ごくろうさま。こうちゃんがいっしょで、助《たす》かったよ。」

おばあちゃんのえがお、お日さまみたいにぴかぴかだ。②ぼくのむねが、じんわり温《あたた》まって、つかれがふきとんでいった。

（さとうあゆみ「ぼくのできること」）

(1) 「こうちゃん」は、おばあちゃんのために何をしてあげましたか。（10点）

（　　　　　　　　　　）

(2) 「①歌うように」とは、どんな様子《ようす》ですか。つぎからえらんで、記号《きごう》で答えなさい。（8点）

ア 大きく、どなるように。
イ やさしく、教えるように。
ウ 明るく、はずむように。

（　　）

(3) ビニールぶくろが重い様子をよく表《あらわ》している文の、はじめの五字をぬき出しなさい。（8点）

□□□□□

(4) おばあちゃんがよろこんでいる様子をよく表している文をさがし、ぬき出しなさい。（10点）

（　　　　　　　　　　）

(5) 「②ぼくのむねが、じんわり温まって」とは、どんな気持《きも》ちを表していますか。四十字以内《いない》で書きなさい。（14点）

118 仕上げテスト 6

時間	合かく	とく点
20分	40点	/50点

勉強した日〔　月　日〕

1 つぎの文章《ぶんしょう》を読んで、あとの問《と》いに答えなさい。

あなたは、お手伝《てつだ》いを進《すす》んでやっているかな。［　　］、お母さんに言われたらしぶしぶやるのかな。どちらにしても、「家の仕事《しごと》で、これが私《わたし》の役目《やくめ》」ということがあるだろうか。

自分の部屋《へや》の片《かた》づけは、自分のことだから、ちょっと違《ちが》うよ。例《たと》えば、「お風呂《ふろ》掃《そう》除《じ》は私の仕事」「犬にえさをやるのは私の仕事」みたいなことだ。

あなたがしないと、家族《かぞく》がお風呂に入れなかったり、犬がいつまでもおなかをすかせていたりする。あなたがやらなければみんなが困《こま》る仕事がある人は、すばらしいね。

だって、家族のために果《は》たすべき役目をきちんと持《も》っている、家族のために働《はたら》ける人ってことだからね。

家族って、いっしょにいれば家族として仲良《なかよ》くいられるわけじゃない。それぞれが家族の一員《いちいん》として家族のために働く。それで、お互《たが》いに、なくてはならない相手《あいて》として、大切に思えるようになるんじゃないかな。

あなたは子どもだけれど、家族のためにできることはいくつもあるはずだ。お母さんのお手伝いだけじゃなくて、「私の仕事をちょうだい」って申《もう》し出《で》てみてほしい。

（辰巳《たつみ》 渚《なぎさ》「こういうときどうするんだっけ」）

(1) 文章中の［　］にあてはまる言葉《ことば》をつぎからえらんで、記号《きごう》で答えなさい。（10点）

ア けれども　イ それとも　ウ だから　エ そして

（　　）

(2) 「私の役目」のれいとしてあげられていることを二つ書きなさい。（5点×2）

（　　）

（　　）

(3) 「私の役目」とは、どんなことですか。つぎからえらんで、記号で答えなさい。（10点）

ア 自分のために自分がすること。

イ 家族とともに自分もすること。

ウ 家族のために自分がすること。

（　　）

(4) 「私の役目」を持っている人は、どんな人ですか。つぎからえらんで、記号で答えなさい。（10点）

ア 家族にとってなくてはならない人。

イ 家族よりも自分のほうが大切な人。

ウ 家族と仲良くしたがっている人。

（　　）

(5) この文章で、筆者《ひっしゃ》がもっともいいたいのは、どういうことですか。それがわかる文をさがして、はじめの五字をぬき出しなさい。（10点）

［　　　　　］

119 仕上げテスト 7

1〜120（回）

時間	20分
合かく	40点
とく点	／50点

勉強した日（　月　日）

1 つぎの文章《ぶんしょう》を読んで、あとの問《と》いに答えなさい。

「……でも、外でもっと遊《あそ》ばなきゃいかんなあ。」

「①だってぼく、おじいちゃんみたいに大工になりたいんだもの。おじいちゃんみたいになんでも作れるようになりたいんだもの。だからおじいちゃんに、いっぱい、いろんなこと、おそわりたいんだもの。」

ふいに、②良太《りょうた》の目から涙《なみだ》があふれました。

おじいさんは、「わかった、わかった」というように、毛布《もうふ》から手を出してゆらゆらさせ、ウインクをしました。

いつもの大きな手が、目のまえでどんどんひろがって、③良太のからだをつつんでしまうほど大きく見えました。

「良太、おまえに、おぼえてもらいたいことがいっぱいあるのに、時間切れだな。」

「おじいちゃん、いやだよ。元気になって、仕事場《しごとば》にはやくもどろうよ。」

「いや、もう、④しおどきだ。」

「しおどきって？」

「⑤休けい時間がきたのさ。長いこと歩きっぱなしだったからなあ。」

（浜《はま》 祥子《さちこ》「おじいさんのすべり台」）

(1) 「①だってぼく」とありますが、「良太」は、どのようになりたいと言っていますか。（10点）

（　　　　　）

(2) 「②良太の目から涙があふれました」とありますが、「良太」がそのようになったのは、なぜですか。つぎからえらんで、記号《きごう》で答えなさい。（10点）

ア 本当の気持《きも》ちをつげて、こうふんしてしまったから。
イ 自分の言うことがわかってもらえず、つらかったから。
ウ 話していることに自信《じしん》がもてずに、不《ふ》安《あん》になったから。

（　　）

(3) 「③良太のからだをつつんでしまうほど大きく見えました」とは、おじいちゃんからどんなことを感《かん》じていることを表《あらわ》していますか。つぎからえらんで、記号で答えなさい。（10点）

ア すごい真剣《しんけん》さ
イ ふるえるほどのこわさ
ウ 大きな愛情《あいじょう》

（　　）

(4) 「④しおどき」の意味《いみ》として正しいものをつぎからえらんで、記号で答えなさい。（10点）

ア 物事《ものごと》をあきらめるのにちょうどよいとき。
イ 物事をするのにちょうどよいとき。
ウ 物事をするのに時間がないこと。

（　　）

(5) 「⑤休けい時間がきた」とは、どのようなことを表していますか。（10点）

（　　　　　）

時間	20分
合かく	40点
とく点	/50点

勉強した日〔　月　日〕

1 つぎの文章《ぶんしょう》を読んで、あとの問《と》いに答えなさい。

海の中では、まず植物《しょくぶつ》プランクトンの発生《はっせい》がなければ、貝も魚も育《そだ》ちません。

▼植物プランクトンをえさにして動物《どうぶつ》プランクトンがふえ、動物プランクトンをえさにしてイワシなどの小魚がふえます。さらにイワシを食べてカツオが育つというように、順番《じゅんばん》にふえていくのです。鎖《くさり》のようにつながっているので、食物連鎖《しょくもつれんさ》といいます。▲

ちなみに、カツオは一キログラムになるのに、だいたい十キログラムのイワシを食べます。

十キログラムのイワシは、百キログラムのオキアミなどの動物プランクトンを食べ、百キログラムの動物プランクトンは、千キログラムの植物プランクトンを食べるのです。

つまり、①一キログラム魚がふえるには、千キログラム（一トン）の植物プランクトンが必要《ひつよう》なのです。

では、植物プランクトンは、なにを養分《ようぶん》にしてふえるのでしょうか。

農家《のうか》の人は、米や野菜《やさい》を栽培《さいばい》するのに、②肥料《ひりょう》をやりますね。肥料の三要素《ようそ》といって、チッ素、リン酸《さん》、カリウムというものがあります。

植物プランクトンも、陸《りく》の植物と同じで、このような養分を吸収《きゅうしゅう》して育ちます。

（畠山重篤《はたけやましげあつ》「漁師《りょうし》さんの森づくり」）

(1) ▼～▲の中に書かれているれいを、食べられる順《じゅん》になるように書きなさい。←の右がわが食べられるもの、左がわが食べるものとします。また、こうした関係《かんけい》を何といいますか。（6点×5）

［　　］←［　　］←［　　］←［　　］

こうした関係［　　　　］

(2) ①「一キログラム魚がふえるには、千キログラム（一トン）の植物プランクトンが必要なのです」とは、どんなことを表《あらわ》していますか。つぎからえらんで、記号《きごう》で答えなさい。（10点）

ア 強い者《もの》は、たくさんの弱い者をたおすということ。

イ 魚は、植物を食べることによって生きていること。

ウ 一つの命《いのち》は、たくさんの命にささえられていること。

（　　）

(3) ②「肥料」と同じような意味《いみ》を表している言葉《ことば》を書きなさい。（10点）

［　　　　］

標準レベル 1 漢字の読み (1)

解答

1 ①お・ひろ ②くすり・の ③さむ・あたた ④みなと・す ⑤なが・はや ⑥かな・うつく

2 ①えきちょう・じょうきゃく ②としょかん・せいり ③どうぶつ・びょういん ④せいよう・けんきゅう ⑤さくひん・せかい・ゆうめい ⑥こうてい・てつ・れんしゅう

3 ①さ・し ②ふか・しん ③お・つい ④いのち・めい ⑤お・しゅう ⑥くら・あん

4 ①じん・しん・かみ ②しゅ・さけ・さか ③かい・ひら・あ ④しゅ・ぬし・おも

指導の手引き

1 漢字の訓読みの練習をします。訓読みは、発音から意味がわかる読み方です。

2 漢字の音読みの練習です。二つの漢字でできた熟語の場合、ふつうは上の漢字も下の漢字も音読みします。③「病院」は「びよういん」ではなく、「びょういん」です。拗《よう》音《おん》に気をつけます。

3 同じ漢字の音読みと訓読みを書く問題です。右側が訓読みで、左側が音読みです。訓読みする場合は、①「指し」、②「深い」、③「追う」、⑤「終わる」、⑥「暗い」のように、送り仮名に気をつけます。また、④「命」のように一字の訓読みの漢字にも注意が必要です。

4 漢字の音読み、訓読みの問題ですが、ここでは訓読み、音読みのどちらかに複数の読み方がある漢字を出題しています。例えば、③「開」は「ひらく」「あける」が訓読みで、「かい」が音読みです。紛らわしいので、しっかり覚えるようにしましょう。

注意 漢字の読みは、適切な例文の中で覚えるようにしましょう。

上級レベル 2 漢字の読み (1)

解答

1 ①よこ・はし ②な・う ③こおり・ころ ④いそ・いき ⑤にわ・あそ ⑥ふく・れい

2 ①しょ・ところ ②きゅう・たま ③ろ・じ ④たん・みじかい ⑤ちゅう・そそぐ ⑥ひ・かわ ⑦けつ・ち ⑧ちゅう・はしら ⑨くん・きみ

3 ①よ・か(わる) ②ゆび・さ(す) ③はた・はたけ ④ま(ける)・お(う) ⑤くる(しい)・にが(い) ⑥おも(い)・かさ(ねる)

4 ①けっしん ②でんりゅう ③ようい ④くうそう ⑤へんじ ⑥こうそく ⑦ほうそう ⑧いいん ⑨あんざん ⑩しょうわ ⑪にゅうか ⑫ちょっかん ⑬せけん ⑭しんりょく

指導の手引き

1 漢字の訓読みの問題です。③「氷」の読みを「こうり」としないようにします。「こおり」が正解。

2 漢字の音読み、訓読みの問題。かなり難しいので、注意しましょう。①「所」は音読みが「しょ」、訓読みが「ところ」で、送り仮名はいらないのですが、④「短」は、訓読みのときに「みじかい」と送り仮名をつけます。ほかの漢字についても確かめましょう。

3 訓読みが二つ以上ある漢字の読みの問題です。送り仮名の違いに気をつけます。

4 ①「決」の「けつ」という読みが、「けっ」となったり、⑨「算」の「さん」が「ざん」となったりするように、漢字の組み合わせによっては、読み方が変化しますので注意します。

標準レベル 3 漢字の読み (2)

解答

1 ①あつ・もの ②すみ・むかし ③かる・うご ④くば・あつ ⑤やまい・か ⑥まめ・あじ

2 ①こくばん・くしん ②うんそう・らっか ③しゅうじ・こんき ④ひめい・きてき ⑤おうさま・じょうとう ⑥しょうてん・ばんごう

3 ①あたた ②か ③はこ ④う ⑤そ ⑥つか ⑦う ⑧みの

4 ①しん・ま ②じょ・たす ③ちょう・しら ④き・ちゃく ⑤えい・およ

指導の手引き

1 漢字の訓読みの問題です。漢字のもつ意味を考えて書くようにします。⑤「病」は「やまい」と読むので、注意しましょう。

2 ⑤「おうさま」を「おおさま」としないよう、仮名づかいに注意します。

3 難しい読み方の問題です。送り仮名をよく見て、正しい読み方を書けるようにします。

4 一つの漢字の音読みと訓読みを、問題文のような一つの文で覚えましょう。

ポイント 漢字の音読みと訓読みの区別をしっかりとつかみます。そして、それぞれに複数の読みがあるときは特に注意しましょう。

上級レベル 4 漢字の読み (2)

解答

1 ①お・りょうほう ②さんちょうめ・いいん・のうか ③かぞく・りょこう・のぼう・にっきちょう ④がっきゅ

2 ①しょくぶつ・ばしょ ②きゅうしゅう・びょうよ ③ししゅう・ひょうし ④しゅじんこう・みぢか

3 ①とう・ず ②へい・びょう ③じゅう・ちょう ④しゅ・す ⑤てい・じょう ⑥だい・たい ⑦はん・ばん ⑧ゆ・ゆう ⑨せい・せ ⑩と・つ ⑪ぶつ・もつ ⑫きょ・こ

4 ①級 ②葉 ③童 ④役 ⑤投 ⑥向 ⑦速 ⑧勝

指導の手引き

1 ①・③一つの文の中に音読みする漢字と、訓読みする漢字の両方があります。正しい読み方を身につけましょう。

2 ④「身近」は、「みぢか」を「みじか」としないよう、仮名づかいに注意しましょう。

3 二つ以上ある漢字の音読みを答える問題です。かなり難しいので注意しましょう。①「豆」は「豆腐」「大豆」というように、二字の熟語を思い浮かべてみるとよいでしょう。④「守」は「死守」「留守」などから考えます。同じように⑤「定」、⑧「由」、⑩「都」などについても、試してみましょう。

4 音読みは、同じ音の漢字が数多くあるので、日頃から注意したいものです。

標準レベル 5 漢字の書き (1)

解答

❶ ①苦・薬 ②葉・落 ③指・持 ④深・湖 ⑤服・着 ⑥速・動

❷ ①仕事・予定 ②列車・空港 ③野球・投手 ④童話・感想 ⑤海岸・写真 ⑥水泳・練習

❸ ①急・宿題 ②体調・整 ③返事・待 ④神社・祭 ⑤羊・育 ⑥筆箱・重

❹ ①館 ②根 ③送 ④遊 ⑤笛 ⑥暑 ⑦号

指導の手引き

❶ 訓読みする漢字の書き取りです。文の意味に注意しながら、あてはまる漢字を正しく書けるようにします。⑤「服をきる」の「きる」は「着る」と「切る」、⑥「はやく動く」の「はやく」は「早く」「速く」というように、同じ読みで意味の違うものがあるので、特に気をつけましょう。

❷ 漢字を書くときには、形はもちろん、線の長さなど、細かなことにまで注意して書くようにしましょう。

❸ ⑥「おもい」を「思い」としないよう、漢字の意味をしっかりと考えながら書くようにします。

❹ あとの□の漢字を音読みにして、あてはまるものを見つけましょう。

注意 漢字の音読みは、その音だけでは判別しにくいので、その漢字を使った熟語を思い浮かべながら考えることが大切です。

上級レベル 6 漢字の書き (1)

解答

1 ①銀・波 ②急・坂 ③昔・都・住 ④皿・配 ⑤実・皮 ⑥板・柱

2 ①生物・研究 ②詩・発表 ③勉強 ④入学式・始 ⑤両親・相談 ⑥勝負・決 ⑦東洋・旅行

3 ①身 ②島 ③命 ④路 ⑤者 ⑥屋

4 ①㋐開 ㋑界 ㋒階 ②㋐委 ㋑医 ㋒意 ③㋐終 ㋑習 ㋒集 ④㋐仕 ㋑死 ㋒歯

指導の手引き

1 漢字の形に十分に注意して書きましょう。例えば、②「坂」と⑥「板」、③「住」と⑥「柱」などは、形がよく似ているので、特に注意が必要です。

3 漢字の訓読みと音読みの両方から、あてはまる漢字を考える問題です。音読みは同音の漢字がたくさんあるので、訓読みからどの漢字があてはまるかを考えると、見つけやすくなります。

4 同じ読み方をする漢字を書く問題。①では、「カイ」と読む漢字は「会・回・海・界・開・階」などたくさんあります。その中から、もう一つの漢字と組み合わせて正しい熟語になるものをそれぞれ選びます。②〜④についても同じようにやってみましょう。

ポイント

漢字を書く場合には、「はね」や「とめ」や「はらい」に十分に注意しながら書くように心がけます。また、正しい形になるように、ていねいに書くことも大切です。あわてずゆっくりと書く練習をしましょう。

標準レベル 7 漢字の書き (2)

解答

❶ ①氷 ②秒 ③油 ④暗 ⑤県 ⑥返 ⑦待

❷ ①横丁(横町)・酒屋 ②自由・行動 ③家族・登山 ④道路・拾 ⑤同級・笛 ⑥農業・道具

❸ ①品物 ②鉄板 ③何丁 ④都度 ⑤次回

⑥福引

4 ①代わる ②短い ③助ける ④平ら ⑤全く ⑥幸せ ⑦消える

指導の手引き

1 文の意味をよく考えて、間違った漢字を正しく直す問題です。形のよく似た漢字に注意します。①「水」と「氷」、②「砂」と「秒」など。間違った字が正しい字のヒントにもなっています。

3 言葉の意味をよく考えて書くようにします。ふだんあまり使わない言葉もあるかもしれませんが、この機会に漢字で書けるようにしたいものです。

4 送り仮名を間違えやすい漢字の問題です。漢字を覚えるときは、送り仮名にも注意します。

ポイント 次のような漢字は、特に送り仮名に注意しましょう。「代わる」「助ける」「消える」など。また、動詞以外では「幸せ」「全く」なども注意が必要です。

上級レベル 8 漢字の書き (2)

解答

1 ①勝・負 ②生・死 ③暑・寒 ④安・高 ⑤重・軽

2 ①注文・洋服 ②図書館 ③病院・血 ④港・祭 ⑤農家・畑仕事 ⑥委員

3 ①平和 ②遊具 ③調子 ④帳面 ⑤太陽 ⑥理由

4 ①始める ②悲しい ③味わう ④曲げる

指導の手引き

1 反対の意味を表す漢字は、セットで覚えるとよいでしょう。二つの漢字を合わせると、一つの言葉になるものもあります。①「勝負」、②「生死」、③「寒暑」、⑤「軽重」などです。

2 漢字をていねいに書く練習をします。書けなかった漢字は、何度も書いて練習するようにしたいものです。漢字は、日頃の練習しだいで得意になることができるのです。

注意 ②「図」の「ツ」の部分が、「シ」とならないよう注意します。

3 □のあとに続く言葉をよく読み、あてはまるものを選んで、漢字に直しましょう。⑤「たいよう」は「大洋」「大陽」などと、間違えないようにします。間違えたものは、必ず正しく書けるようにしましょう。

4 漢字を練習するときは、送り仮名も含めて練習するようにしましょう。送り仮名には紛らわしいものが多いので、注意が必要です。②「かなしい」は、「悲い」ではなく、「悲しい」です。語幹が「し」で終わる形容詞は「し」から送ります。「美しい」「楽しい」など。

ポイント 反対の意味の漢字が重なった熟語は結構多いものです。例えば、「遠近」「強弱」「売買」「明暗」「苦楽」「多少」などです。このように漢字を対で覚えるのも工夫の一つです。

標準レベル 9 言葉の意味 (1)

解答

1 ①ウ ②イ ③ア ④ウ

2 ①イ ②ア ③ア ④ア

3 ①イ ②ウ ③ア ④ウ ⑤ウ ⑥イ

指導の手引き

1 知らない意味の言葉が出てきたら、できるだけ国語辞典で調べる習慣をつけたいものです。時間がないときなどは、保護者の方が、どのような様子や気持ちを表しているか、具体的に説明してあげるとよいでしょう。例えば、①「まんまと」は、計略などが首尾よくいく様子を表す副詞です。「ものの見事に」「うまい具合に」という意味になります。

2 言葉の意味を知って、正しく使えるようになることがねらいです。それぞれの言葉の意味は以下のとおりです。①「気のどく」とは、他人の苦しみや悲しみなどを見聞きして、心を痛めること。②「ねたましい」とは、相手のことがうらやましくて、憎む心を起こしたくなるような気持ちだということ。③「めったに〜ない」で、「ほとんど〜ない」という意味。④「おびただしい」とは、数量が極端に多いという意味です。

上級レベル 10 言葉の意味 (1)

解答

1 ①イ ②ウ ③イ ④イ

2 ①すぐに ②ことわる ③しらない

3 ①ウ ②オ ③イ ④ア ⑤エ

4 れい ①あの人は、長時間のそうじもいとわない。
②この時期に雪がふるのは、まれなことです。

指導の手引き

1 文の内容に合う言葉を選びます。①「まばらな」は、間がすいていて数が少ない様子。「いまいましい」は、腹立たしい、くやしい。「もってこいの」は、おあつらえむきの、最もふさわしい。②「あふれる」は、いっぱいになる。「とどろく」は、音が鳴り響く。また、広く名前を世に知られる。「こだわる」は、あることを必要以上に気にする。③「うかがう」は、そっと様子をさぐる。「せがむ」は、ねだる、ほしがる。④「さまたげる」は、じゃまをする。「すくむ」

は、恐ろしいときなどに、体がちぢこまる。「うなだれる」は、悲しんだり、がっかりしたりして、頭を前にたれる。

2 ①「一時も早く」、②「しりぞける」、③「うとい」と似た意味を表す言葉を、字数に注意して考えましょう。

3 答えがわかったら、選択肢としてあげられている意味を傍線部にあてはめて、文章の意味が通るかどうか確かめましょう。

4 ①「いとう」に否定の「ない」がついたもの。いやがらないということ。②めったにない様子。めずらしい様子。

注意 短い文を作る場合には、次のことに注意します。
①主語と述語が整った文にすること。
②点や丸を忘れずに、きちんと打つようにすること。
③短すぎる文にならないように注意すること。二十字前後の文になるように心がけるとよい。

ポイント
ふだん使っている言葉ばかりでなく、あまりなじみのない言葉も、その意味や使い方を調べながら、使ってみるようにすると、自分の語彙数が増えることにつながります。

標準レベル 11 言葉の意味 (2)

解答
1 ①エ ②オ ③イ ④ウ ⑤ア
2 ①ウ ②イ ③ウ ④ウ
3 ①ウ ②オ ③ア ④エ ⑤イ

指導の手引き

1 どのような様子や状態を表しているか、具体的に考えましょう。答えがわかったら、問題になっている言葉の部分にあてはめてみて、文の意味が通じるかどうかを確かめてみましょう。

2 言葉には一つの意味だけでなく、いろいろな意味があることを学びます。①「うかがう」には、1お訪ねする、2そっと様子をのぞき見る、3お聞きする、などの意味があります。問題文は、「先生のおたくをお訪ねする。」という1の意味なので、これと同じ意味を表す選択肢を探します。「ア父の様子をうかがう。」は2の意味、「イ理由をくわしくうかがう。」は3の意味です。「ウおじさんの家にうかがう。」が、残る1の意味となります。ほかの言葉についても、国語辞典で引いて、どの意味で使われているかを確かめるようにしましょう。

3 文の意味に合う擬態語（身振りや状態をそれらしく表した言葉）を選ぶ問題です。選択肢の言葉を文にあてはめてみて、意味が通るか、様子がよくわかるかを確かめてください。

ポイント
漢字の表す意味を考えましょう。次のように一つの漢字がいくつかの意味を表すことがあります。
長 ①ながいこと。ながさ。(れい)長時間・身長
②年が多い。(れい)年長・長男
③役のかしら。(れい)市長・校長
④すぐれたところ。(れい)長所

上級レベル 12 言葉の意味 (2)

解答
1 ①イ ②イ ③ア ④イ ⑤ウ
2 ①オ ②エ ③ウ ④ア ⑤イ
3 れい ①先生が、わんぱくな子にてこずる。
②父は、かがんでさいふをひろった。

指導の手引き

1 あまり聞きなれない言葉の意味を考える問題です。意味を知ると同時に、どのような使われ方をするかも、国語辞典で調べてみるとよいでしょう。

2 やや難しい言葉が並んでいますが、語彙数を増やしていくということで、取り組んでほしいものです。選択肢にあげている意味を、傍線部の言葉にあてはめて、文の意味が通るか確かめましょう。

3 一つの言葉を使って、短い文を作ります。まず、その言葉の意味を理解することが必要です。①「てこずる」は、「持てあまして、扱いに困る」という意味。②「かがむ」は、「足や腰を曲げて、低くなる」「しゃがむ」という意味。

注意 短い文を作るときの決まりに従って、正しい文を作るようにします。特に、主語と述語がきちんとそろっていることが、採点時の重要な観点とされることが多いので、注意しましょう。

標準レベル 13 かなづかい・送りがな (1)

解答
1 (○をつけるもの)①を ②え ③へ ④は
2 ①おおきい ②はなぢ ③おおい ④ちぢ ⑤みかづき ⑥じめん ⑦こおり ⑧きのう ⑨むずかしい ⑩つづき
3 こずつみ・こづつみ
4 (○をつけるもの)①守る ②明るい ③少ない ④急ぐ ⑤温かい
5 ①味わう ②調べる ③美しい ④用いる ⑤集める ⑥短い

指導の手引き

1 ①・③・④「は・へ・を」の使い方に注意します。「ワ・エ・オ」と発音するものは、ふつう「わ・え・お」と書きますが、助詞のときは「は・へ・を」と書くのが仮名づかいの一つのきまりです。④「こんばんは」の「は」は助詞なので、「わ」ではなく、「は」と表記します。また、②エ列の長音は、原則「え」を添えて書きますが、原則にあてはまっているものは、「おねえさん」と、呼びかけや応答の「ねえ」「へえ」くらいです。そのほかのエ列の長音は「い」を添えて書きます。「とけい」「えいが」など。

2 オ列の長音は、原則「う」を添えて書きますが、①・③・⑦のように、「お」を添える例外がいくつかあるので、注意しましょう。また、②・④・⑤などは、言葉の意味を考えて、「じ・ず」と「ぢ・づ」の使い分けが正しくできるようにしたいものです。

3 「小包」は、「小」と「包み」の二つの言葉が合わさってできた言葉で、「こつつみ」となるところが、「つつみ」の、初めの「つ」がにごって「づ」となったものです。だから、「こづつみ」が正しい仮名づかいとなります。

4 間違えやすい送り仮名の問題です。漢字は、送り仮名を含めて正しく書けるようにしましょう。

ポイント

「じ」「ず」と「ぢ」「づ」の使い分けに注意しましょう。「ジ」「ズ」と発音するものは「じ」「ず」と書くのが決まりですが、次のようなときは「ぢ」「づ」と書きます。

①二つの言葉が合わさって「つ」「ち」がにごったとき

こづつみ(小＋包み)　かんづめ(缶＋詰め)

②同じ発音が続いて「つ」「ち」がにごったとき

つづき(続き)　ちぢむ(縮む)

上級レベル 14

かなづかい・送りがな (1)

解答

1 (〇をつけるもの)①きのう　②ていねい　③おおかみ　④おうさま　⑤おとうさん　⑥とおい

2 ①ず　②ず　③づ　④ず　⑤ず

3 ①じ　②ぢ　③ぢ　④じ　⑤じ

4 ①考え　②半ば　③泳ぐ　④教える　⑤苦しい　⑥新しい

5 ①ウ　②イ　③イ

指導の手引き

1 オ列の長音は、①「きのう」、④「おうさま」、⑤「おとうさん」のように、原則「う」を添えて書きますが、③「おおかみ」、⑥「とおい」のように、「お」を添える例外がいくつかあります。

2・3 「ジ・ズ」と発音するものは、ふつう「じ・ず」と書きます。ただし、2の③「つづる」、3の②「ちぢれ」のように、同じ音が続くときは「ぢ・づ」と書きます。また、3の③「そこぢから」や「みかづき」のように、二つの言葉が合わさって、下の言葉の初めがにごったときも「ぢ・づ」と書きます。このような例外はあまり多くないので、覚えるようにしましょう。

4 送り仮名の決まりとしては、活用のある語は、活用語尾から送るというのが原則です。③「泳ぐ」、④「教える」がそれにあたります。また、名詞は送り仮名を付けないのが原則ですが、①「考え」、②「半ば」のように、一部例外があるので、覚えるようにしましょう。

ポイント

送り仮名の付け方としては、動詞や形容詞など活用のある語は、活用語尾から送るのが原則です。例えば、「泳ぐ」では、「泳がない」「泳ぎます」「泳ぐ」「泳げば」「泳げ」と活用するので、送り仮名は「ぐ」となります。

標準レベル 15

かなづかい・送りがな (2)

解答

1 ①うんどう　②みかづき　③おうさま　④ちじん　⑤おおあめ　⑥とおで　⑦たいよう

2 ①こんにちわ・こんにちは　②しづかに・しずかに　③いぢらしく・いじらしく　④わしずかみ・わしづかみ

3 ①わる(い)　②ふか(い)　③あそ(ぶ)　④な(げる)　⑤もう(す)　⑥つか(える)　⑦かな(しい)　⑧なが(れる)

4 ①等しい　②負ける　③放す　④登る　⑤実る　⑥開ける

指導の手引き

1 オ列の長音、「じ・ず」と「ぢ・づ」の使い分けに注意して、漢字の読み仮名を書きます。②「三日月」、⑤「大雨」、⑥「遠出」に、特に気をつけましょう。

2 ①「こんにちは」は、「今日は」「今日はご機嫌いかがですか」などのあいさつの、「今日は」以下が省略されてできたものなので、「は」は助詞です。だから、「こんにちわ」は間違いなので、直さないといけません。

3 形容詞の送り仮名は、①「悪い」、②「深い」のように、活用語尾から送りますが、語幹が「し」で終わるものは「し」から送ります。⑦「悲しい」と、次の4の①「等しい」がそれです。この決まりをしっかりと覚えましょう。

ポイント

オ列の長音は、「う」を添えて書くのが原則ですが、次の言葉は「お」を添えて書きます。覚えておきましょう。→おおかみ・こおり・こおろぎ・ほお・とお(十)・とおる・おおい・おおきい・とおい

上級レベル 16 かなづかい・送りがな (2)

解答

1 ①表通おり・おうきな　(かなづかい)…おおきな　(送りがな)…表通り　②暑つい・おおえん　(かなづかい)…おうえん　(送りがな)…暑い　③ちじんで・短じかく　(かなづかい)…ちぢんで　(送りがな)…短く　④細まかな・むづかしい　(かなづかい)…むずかしい　(送りがな)…細かな

2 (右からじゅんに)①わ・い・っ・(う)・え・えよ(えろ)　②げ・げ・げ・(げる)・げれ・げよ(げろ)

3 ①育っ・温かい　②軽く・幸せな

指導の手引き

1 短い文章の中から、仮名づかいと送り仮名の間違いを見つけて、正しく直す問題です。すべての言葉が対象となりますので、かなり難しいといえます。仮名づかいでは、オ列の長音、「じ・ず」と「ぢ・づ」の使い分け、送り仮名では、形容詞の送り仮名の付け方に注意しましょう。

2 動詞・形容詞などは、あとに続く言葉によって語尾が変わっていきます。このように変化することを「活用する」といいますが、送り仮名の付け方を覚えるとき、このことを理解しておくことは、とても大切です。

標準レベル 17 同じ意味・反対の意味の言葉 (1)

解答

1 ①エ　②ウ　③オ　④イ　⑤ア

2 ①両親　②立身　③手間　④平等　⑤水色　⑥決意

3 ①ウ　②オ　③イ　④ア　⑤エ

4 ①少女　②曲線　③下校　④平日　⑤平面　⑥洋服

指導の手引き

1 それぞれの言葉がどのような意味を表しているかを考えます。意味がわからない言葉は、国語辞典で調べるようにしたいものです。そのうえで、選択肢の中から似た意味の言葉を探しましょう。

注意 同意語や反対語には、①「名手・名人」、②「用具・道具」や、「長所・短所」、「方角・方向」などのように、熟語の中の一字が共通するものがかなりあります。このこともヒントにしましょう。

2 まず、設問の言葉を漢字に直して考えます。①父母、②出世、③手数、④公平、⑤空色、⑥決心。次に、選択肢の言葉を漢字に直しましょう。決意、両親、水色、立身、平等、手間。そのうえで、似た意味の言葉を探します。

3 反対の意味を表す漢字をセットで覚えると、語彙も増えていきます。

4 設問の言葉を漢字に直すと、以下のようになります。①少年、②直線、③登校、④休日、⑤立体、⑥和服。

上級レベル 18 同じ意味・反対の意味の言葉 (1)

解答

1 れい ①教科　②美点　③一息　④全力　⑤大切　⑥方向

2 ①ア　②オ　③イ　④ウ　⑤エ

3 ①近い　②おそい　③広い　④短い　⑤深い　⑥高い　⑦暗い　⑧新しい

4 ①弱　②他　③白　④入　⑤下　⑥地

5 ①下ったり(下りたり)　②表　③負ける

指導の手引き

1 いずれも基本的な言葉なので、知らないものはないようにしておく必要があります。

2 やや耳慣れない言葉を集めていますが、できるものもあるはず。まず、選択肢の言葉を漢字に直して考えます。ア「地所」、イ「中心」、ウ「旅館」、エ「高名」、オ「同調」。

4 反対の意味の言葉を重ねた熟語ができあがったら、正確に読めるようにもしておきましょう。①「きょうじゃく」、②「じた」、③「くろしろ(こくびゃく)」、④「しゅつにゅう」、⑤「じょうげ」、⑥「てんち」。

標準レベル 19 同じ意味・反対の意味の言葉 (2)

解答

1 ①エ　②ウ　③エ　④イ　⑤イ

2 ①ウ　②ア　③イ　④エ

3 ①ウ　②イ　③カ　④エ　⑤ア　⑥オ

4 ①乗車　②黒字　③左記　④外部

5 ①暑　②洋　③死　④受　⑤終　⑥勝

指導の手引き

1 似た意味の言葉を考えます。まず、それぞれの言葉の意味は、以下のとおりです。①「一族」は、同じ血筋(血統)の者のことをいい、選択肢イの「家族(同じ家に住む親子・兄弟のこと)」とは違うので、注意しましょう。②「発育」は体の成長のこと、④「同感」は同じように感じること、⑤「体面」は面目、体裁という意味です。それぞれの意味に近い言葉を探しましょう。

3 それぞれの言葉の意味をよく考えて、反対の意味や対に

なる組みを作りましょう。読み方は次のとおり。①「じてん」「こうてん」、②「へいかい」「かいかい」、③「ぜんたい」「ぶぶん」、④「しゅうぶん」「しゅんぶん」、⑤「きりつ」「ちゃくせき」、⑥「たいさく」「しょうひん」。

4 ③・④は、「右」・「内」のそれぞれ反対の意味の漢字から、①・②は言葉の意味から考えましょう。読み方は次のとおり。①「げしゃ」「じょうしゃ」、②「あかじ」「くろじ」、③「うき」「さき」。④「ないぶ」「がいぶ」。

ポイント
熟語の組み立ての中には、次のようなものもあるので覚えておきましょう。
①似た意味の漢字を重ねたもの
(れい)運送・絵画・幸福・通行・道路
②反対の意味の漢字を重ねたもの
(れい)強弱・苦楽・出欠・生死・明暗

上級レベル 20 同じ意味・反対の意味の言葉 (2)

解答

1 ①エ ②所 ③命 ④都 ⑤中
2 ①書面 ②公開 ③安心 ④着目 ⑤元来
3 ①少数 ②登山 ③反発 ④当方 ⑤出荷 ⑥長所
4 れい ①ちぢめる ②はなす ③はがす ④さます ⑤とかす ⑥引く ⑦進む ⑧せめる ⑨送る

指導の手引き

1 やや難しい問題です。二つの言葉に共通する意味は、以下のとおりです。①工事を始めること。②持つこと。③運命的に与えられること。④人口の多いにぎやかな土地。⑤真ん中。読み方は次のとおり。①「きこう」「ちゃっこう」、②「しょゆう」「しょじ」、③「しゅくめい」「しめい」、④「とかい」「とし」、⑤「ちゅうしん」「ちゅうおう」。

2 □の中の言葉をまず漢字に直します。「こうかい」と読む言葉は、「公開」のほかに「航海」「後悔」などがあるので、注意しましょう。②「発表」と似た意味の言葉が正解になります。

3 設問の言葉が表している内容をよく考えて、その反対の言葉を考えましょう。□の中の一つ一つの漢字がヒントになります。読み方は次のとおり。①「たすう」「しょうすう」、②「げざん」「とざん」、③「どうちょう」「はんぱつ」、④「せんぽう」「とうほう」、⑤「にゅうか」「しゅっか」、⑥「たんしょ」「ちょうしょ」。

4 反対の意味の言葉を考える問題。⑦「進む」、⑨「送る」のように、三年で習う漢字は使いましょう。⑦「進退《しんたい》」、⑧「攻守《こうしゅ》」、⑨「送迎《そうげい》」という言葉もあります。

最上級レベル 21 1

解答

1 ①さむ・はなみず ②やっきょく・くすり ③かみさま・どうわ ④かぞく・こうふく ⑤は・しかいいん ⑥やどや・しゅじん
2 ①火事・消 ②注意・坂 ③太陽・暑 ④感想・帳面 ⑤地球・重力 ⑥予定・駅
3 ①イ ②イ ③ア ④ウ
4 ①おおかみ ②おうじさま ③じまん ④ちぢむ ⑤みずうみ ⑥つづき ⑦こおり

指導の手引き

1 いずれも、三年で習う漢字としては基本的なものなので、読めなかったものは、必ず身につけるようにしておきましょう。

2 ①「火事」と「家事」のような同音異義語や、②「注」と「住」などの形の似た漢字に注意します。また、③「太陽」を「大陽」としないようにしましょう。

3 多くの文章を読んだり、問題を解いたりすることで、どんどん語彙を増やしたいものです。

注意 意味がはっきりとわからなかった言葉は、きちんと覚えるようにしておきましょう。

4 オ列の長音、「じ・ず」と「ぢ・づ」の使い分けを、ここで完全にマスターしておきましょう。また、三年で習う漢字については書けるようにしておきましょう。②「王子様」、⑤「湖」、⑦「氷」。

最上級レベル 22 2

解答

1 ①いいん・くしん ②いのち・びょういん ③ゆうぐ・あそ ④みずうみ・およ ⑤じてんしゃ・はなばたけ ⑥おく・ようしゅ・つ
2 ①波・海岸 ②二階・客・集 ③習字・筆 ④昭和・時代 ⑤速・列車 ⑥投手・打者
3 (○をつけるもの)①配る ②暗い ③終える ④流れる ⑤等しい
4 ①他国 ②雨天 ③近海 ④心配 ⑤寒中 ⑥名文(美文) ⑦時間

指導の手引き

2 はねやとめやはらい、または線の長さなど、細かな部分にも注意して、ていねいに書くことが大切です。

注意 ⑤「速い」は速度がはやいという場合、「早い」は時間がはやいという場合に使います。使い分けを身につけましょう。

3 間違えやすい送り仮名の問題です。送り仮名に注意して、漢字を正しく書けるようにしましょう。

4 知らないと答えられないものも多いです。この機会にしっかりと覚えましょう。読み方は次のとおり。①「じこく」「たこく」、②「せいてん」「うてん」、③「えんよう」「きんかい」、④「あんしん」「しんぱい」、⑤「しょちゅう」「かんちゅう」、⑥「あくぶん」「めいぶん(びぶん)」、⑦「くうかん」「じかん」。

標準レベル 23 こそあど言葉 (1)

解答

1 (○でかこむもの)①それ ②ここ ③ああ ④ここ

2 ①カメラ ②音 ③たくさんの皿 ④男の子 ⑤公園

3 ①本 ②父のへや ③あなたの家 ④美しい心 ⑤とてもきれいな字 ⑥開会式が始まる時間 ⑦テニスをしている男の子

指導の手引き

1 「この」「それ」「あちら」「どんな」など、何かを指し示す言葉を「こそあど言葉」と呼びます。「こ」は話し手側のものを指し、「そ」は聞き手側のものや、少し離れたもの、「あ」は話し手と聞き手のいずれにも属さないものや、遠くのもの、「ど」ははっきり特定できないものを指します。これらの言葉は、同じ言葉や内容の繰り返しを避けるためによく使われます。

注意 「それ」「あれ」「ここ」などは、日常生活でもよく使われます。①～④については、そのまま読んでみて、不自然にならないかどうか、感覚で判断するのもよいでしょう。

2 指している言葉が見つかったら、その「こそあど言葉」の部分にあてはめて、文章の意味が通るかどうかを確かめることが大切です。

3 文章を正しく読み取るためには、「こそあど言葉」(指示語)が指している内容を、正確にとらえることが大切です。よく練習しておきましょう。

注意 ①～⑦字数が細かく決められているので、きちんとあてはまるように書きます。

上級レベル 24 こそあど言葉 (1)

解答

1 ①それ ②あの ③ここ ④どちら ⑤あっち ⑥そんな

2 (□でかこむ部分)①じょうずに泳ぐこと ②まんがばかり読んでいてはいけません ③おいもをうすく切って、こんがりとやいたもの ④大きくなったら、アメリカでくらすこと ⑤大ぜいの人が集まって、土をほり返したり、砂を持って来たりしている様子

3 れい ①かあさんが毎日作ってくれる料理。 ②ほかの人のことをかんたんにせめるのは、まちがっているということ。 ③家の近くの、いつも鳥がたくさんいる川。

指導の手引き

1 「こ・そ・あ・ど」のどれが抜けているか考えます。また、それぞれの「こそあど言葉」が、どのような働きをするかを確認しておきましょう。

2 「こそあど言葉」がまとまった内容を指す場合について考えます。

注意 「こそあど言葉」が指す内容は、それより前にあることが多いのですが、④のようにあとにある場合もあるので、十分に注意して考えたいものです。

3 解答を書いたら、「こそあど言葉」の部分にあてはめて、文章の意味が通るかどうかを確認しましょう。

注意 2・3の問いよりもさらに長く、まとまった内容を指しているものがあるので、よく注意しながら書く必要があります。

標準レベル 25 詩 (1)

解答

1 (1)あめの日 (2)ともだち (3)イ (4)ともだちの かたのところを ぶったりしながら ずっと わらっていた (5)ピンク (6)せんせいがわたしに気づいてくれなかったから。 (7)ウ (8)せんせいも ともだちが いるんだね

指導の手引き

ふだん学校で見ている「せんせい」とは違う面を知り、とまどっている生徒の様子が描かれています。先生がとても楽しそうにしている様子が「ピンク」のかさに、自分に気づいてもらえない生徒のつらさが「かさで かおをかくして」に表れています。

(1) 詩の題名「あめのひ」に着目します。

(2) 「ともだちと いっしょに」とあります。

(3) 「わらっていた」という表現によく合うものを選びます。

(4) 「ともだちの　かたのところを／ぶったりしながら／ずっと　わらっていた」という様子は、先生がたいへん楽しそうにしていることを表しています。
(5) 「ピンク」という色は、明るい気持ちを連想させます。
(6) 「なぜですか」という問いなので、「〜から。」という形で終わるように書きます。「わたし」のつらい気持ちが最もよく感じられるところです。
(7) 「せんせい」が楽しそうにしている反面、「わたし」がつらく、さびしい気持ちでいることを読み取りましょう。

注意 詩に描かれている情景をできるだけ具体的に想像しながら読むと、わかりやすいと思います。自分が知っている人たちにあてはめながら読んでみるのも、一つの方法でしょう。そうすることによって、詩人が感じ取った感覚を実際のものとして理解することがしだいにできるようになるものです。

上級レベル 26 詩(1)

解答

1 (1) うれしいとき・かなしいとき
(2) れい どっしりとすわっている。・だまってぼくをみている。
(3) しっかりやれよ・だいじょうぶだよ
(4) ア
(5) ウ

指導の手引き

人間ではないものを、人間のようにたとえる表現技法を、擬人法といいます。この詩では、「すわった」「だまって」「みる」などの人間の動作を、山がしているように描いています。どんなときも自分を見守っていてくれるような山に、親しみを感じている様子が読み取れます。
(1) 「どんなとき」と尋ねているので、「〜とき」という言葉をヒントにして探しましょう。
(2) 山がどのような様子でいるかがわかる部分を探して、短くまとめましょう。
(3) 〝　〟でくくられている部分が、山が言っているように聞こえる言葉です。
(5) 山を親しいものとしてとらえ、人間であるかのように描いている詩です。

ポイント 詩を組み立てている一つ一つのまとまりを「連」といいます。連と連の間は、ふつう一行空きになっています。この連と連のつながりに気をつけて、詩全体の組み立てをとらえることは、詩を理解するうえでとても大切です。

標準レベル 27 詩(2)

解答

1 (1) わたしはふしぎでたまらない、
(2) 黒い・銀・青い・白く
(3) れい 黒い雲からふる雨が、銀にひかっていること。・青いくわの葉をたべている、かいこが白くなること。・たれもいじらぬ夕顔が、ひとりでぱらりと開くこと。
(4) たれにきいてもわらってて、あたりまえだ、ということ。
(5) ア

指導の手引き

この詩は、第一連、第二連、第三連で、作者が不思議だと思う事例を取り上げています。そして、最後の第四連で、それらの事例のような、作者が不思議だと思うことを、ほかのみんなは「あたりまえだ」と不思議に思っていないこと、それこそが、いちばん不思議なのだといっているのです。
(1) 第一連から第四連まで、それぞれの初めに同じ言葉が繰り返されています。この詩のテーマであり、詩にリズムをもたらす重要な表現です。
(2) 黒い雲と銀色の雨、青いくわの葉と白いかいこというように、色彩の対照が鮮やかです。
(3) 「〜が」という表現にあたる部分を探します。いずれも「〜こと。」という形で終わるようにしましょう。
(4) 詩の最後の部分に注目します。この詩の作者が不思議に思っていることがまとめて書かれています。
(5) この詩では、イ「深く研究すれば」とか、ウ「本当かどうかうたがってほしい」とはいっていません。みんなが当たり前に思っていることに、純粋に感動できる心をもつことが大切だと告げている詩です。

注意 自分でも「ふしぎでたまらない」ことは数多くあるはずなので、ノートに書き出してみるとおもしろいでしょう。詩に書かれている気持ちや感動を、自分自身に照らし合わせて考えたり、同じようなことを思いめぐらしたりすることは、詩を理解するうえで大切なことです。単なる読書に終わらせるのでなく、詩を身近なものとして感じ取りたいものです。

上級レベル 28 詩(2)

解答

1 (1) 川(について。)
(2) ウ
(3) イ
(4) ウ
(5) ア

(6)音

指導の手引き

人間でないものを、人間のようにたとえる擬人法が使われており、川の様子が、まるで少女の見せるいろいろな表情のように描かれています。どのような景色や様子を表現しているのか思い浮べながら、問題を解きましょう。

2 (1)「川」のさまざまな様子についてうたっています。

(2)「みどりの髪をとかします」とは、川が緑色の草などをなびかせながら、流れている様子を表すと読めます。

(3)「きれいなゆびさきで」「かざります」とあるので、さざ波が花を動かしている様子が想像されます。

(4)「川はわらって頰をよせ」とは、たくさんの波が寄せたり離れたりしながら、流れている様子を表しています。選択肢のア「はげしくまざり合う」や、イ「急に低い方へ」流れる様子は書かれていません。

(5)川が時に「じっと」する様子を表しています。その様子を「だれかをじっと」見るような様子にたとえて表現しているのです。

(6)川から「泣く」ような音が聞こえる様子を表しています。「しくしく」泣くのだから、静かな音が聞こえていることがわかります。

注意 たとえが多く用いられている詩であることに注意して、想像力豊かに読む必要があります。川のイメージを具体的に思い浮かべながら読みましょう。

標準レベル 29 物語(1)

解答

1 (1)(じゅんに)ボール・おかまさま

(2)横向きになって転がったこと。

(3)イ・ウ

(4)れい・じじむさいへんな神さま。

・「シッポ」をまもってくれる神さま。

指導の手引き

(1)この文章は、「板橋」が、「シッポ」をねらってけったボールが、「シッポ」にぶつかりそうになったが、「おかまさま」が髪の毛を引っぱって、助けてくれた場面といえます。

(2)ボールがぶつかりそうになったときの「シッポ」の動作は、「ぼくは、ぐいっ、となにかに引かれたように横向きになって転がり、ぱっと手をついて起き上がっていた。」と描かれています。「板橋」は、よけた「シッポ」の様子を見て言っているのですから、それに対応する具体的な動作は、「横向きになって転がり」の部分です。

(3)この部分の前では、「シッポ」の思いは二つ書かれています。一つはぶつかって当然と思っていたのに、どうしてボールをよけることができたのだろうという思い。もう一つは、直前にあるように、「きっとぼくをねらってけったんだ。」という思い。この二つの思いが入り混じっていたため、すぐには歯切れのよい返事をすることができなかったのです。

(4)「おかまさま」の様子と、「おかまさま」が「シッポ」にしてくれたことが表現されている部分を探します。

ポイント 物語文では、登場人物の気持ちを読み取ることが大切です。人物の気持ちを直接表す言葉のほかに、会話や行動に注意して読み取りましょう。

上級レベル 30 物語(1)

解答

1 (1)勉・卓司・鉄男

(2)・二階(がある。)・にぶい日の光(がさす。)

・古いマットレス(がおいてある。)

(3)箱の山

(4)ホテル

(5)イ

指導の手引き

(1)・(2)文章をよく読んで、登場人物、場所、場面を正確にとらえるようにしましょう。物語を読む場合、これらを正しく理解しておかないと、思わぬ読み間違いをして、気づかないこともあるので、よく注意したいものです。

(3)・(4)ほかのあるものにたとえて、印象を強めたりわかりやすく説明したりする表現技法を、「たとえ」といいます。(4)のように、「まるで〜みたいだ」「ようだ」という言葉を用いる場合と、(3)のように、「ようだ」などの言葉は用いずにたとえている場合とがあります。それぞれのものをたとえている言葉から、この建物の内部が子供たちにとっては大きくて、立派なものに見えていたことが伝わってきます。

(5)自分たちだけの基地を見つけて喜んでいる様子が描かれています。「心細さ」や「おそれ」を感じさせる表現は出てこないので、アとウの選択肢は×です。

注意 子供たちが喜び、興奮している気持ちをよくつかみながら読みます。子供たちが見た世界がどのようなものであるかを理解しながら読んで、その思いを自分のものとしてとらえられるようにしましょう。

標準レベル 31 物語(2)

解答

1 (1)ア

(2)(友だちが自分から)にげていった(こと)。

(3)ウ
(4)いつか
(5)いえないことも、ある

指導の手引き

(1)「そんなの」とは、がびょうをふんだこと、牛乳をこぼしたこと、先生にしかられたこと、がたいしたことではないと思えるほど、もっと「悪いこと」がそのあとに起きています。

(2) いつもはいっしょに帰っている「しおりちゃん」や「ゆいちゃん」、「えみちゃん」が、自分をおいて逃げていってしまった理由がわからないでいます。それは「あたし」にとっては、このうえなくつらいことなのです。

(4)・(5) 一人で帰っている間に、以前しおりちゃんに言われたことを思い出しています。「しおりちゃん」は「あたし」に向かって、「なにかんがえてんだか、わかんない」と言っていますが、「あたし」は、それはひどい言い方だと感じています。

注意 物語を読むときには、人物の心情に注目して、その気持ちを豊かに想像しながら読むことが大切です。この物語では、友達に裏切られたつらい気持ちが表現されているので、そのつらい思いを想像しながら読みましょう。

上級レベル 32 物語(2)

解答

1 (1)れい 虫を小鳥に食べさせるつもり。
(2)虫とりあみ
(3)イ
(4)ウ
(5)れい 虫に値段をつけて売ること。
(6)ずるそうなわらい

指導の手引き

(1) 傍線部のあとのおばあちゃんの言葉で、虫をどうするのかがわかります。おばあちゃんは子スズメを飼っているので、「やっぱり生きた虫を食べさせたほうが、いい」と考えています。そのために「ユウ」に虫を取ってきてほしいと頼んでいます。

(2) おばあちゃんが何を用意していたかを考えましょう。おばあちゃんは「ユウ」のほしい物を用意することで、頼みを聞いてもらおうとしていたのだということを読み取ります。また、「ユウ」が虫とりあみを本当に欲しがっていたことが、その喜びようからよくわかります。

(4) 虫とりあみをもらえて、喜びのあまり、はりきっている「ユウ」の気持ちに合うものを選びましょう。

(5)・(6) ほしかった虫とりあみだけでなく、お金も手に入れようと思いついた「ユウ」の様子が、最後のほうに描かれています。虫を「一ぴき一ぴき値段つけて、売る」ことを思いついた「ユウ」は、「ずるそうなわらい」を浮かべていることに着目しましょう。

注意 「ユウ」の子供らしい姿を楽しんで読むための物語です。さわやかで明るい世界が描かれているので、それをよく味わいながら読みましょう。

標準レベル 33 物語(3)

解答

1 (1)ウ
(2)(あっ、いた、いたっ!)
(3)ミナコの姿だけをじっと追いまわした
(4)バレリーナになって、お父さんとお母さんに再会するゆめ。
(5)ア

指導の手引き

(1) 初めの文に「ツトムは、胸をおどらせて待った」とあります。「ツトム」が期待感や喜びで、興奮していることがわかるものを選びましょう。

(2) 「ツトム」の心の中の喜びが、(あっ、いた、いたっ!)と表現されていることに気づきましょう。

(3) 「じっと追いまわした」という表現は、「ツトム」が夢中になって「ミナコ」の姿を求め、注目していることをよく表しています。

(4) 「バレリーナになって、お父さんとお母さんに再会するゆめをもっているミナコ」とあります。細かな事情は書かれていませんが、「ミナコ」が強い気持ちをもって、おどりに向かっていることが読み取れます。

(5) 懸命におどるミナコの姿に、ツトムは心を奪われ、見とれていたが、周りの拍手の音ではっと我に返ったのです。

注意 「ツトム」が熱い思いをもって、「ミナコ」を見つめている様子を読み取ります。人物の気持ちを直接表現するような言葉は少ないですが、その代わりに、人物の様子からその気持ちを想像させようとして書かれているところがあります。物語にもいろいろな型があることを学ぶにはよい教材でしょう。

上級レベル 34 物語(3)

解答

1 (1)ウ
(2)イ
(3)れい さわったときに、子犬が「よろしくね」と言うように、ピクッと動いたから。
(4)イ

(5)ぬいぐるみみたいに、もこもこしてるから

指導の手引き

(1) すぐあとにある「おじいちゃん」の言葉に注目します。「おじいちゃん」は、どの子犬も「いい犬だ」と言っています。「おじいちゃん」は、どんな子犬なのかしっかり見極めようとしていたことがわかります。

(2) 「しょういち」が子犬に触れている様子をよく表しています。「しょういち」は子犬を大切に思い、怖がらせることのないように、優しくさわろうとしています。「しょういち」が優しい気持ちをもっている男の子であることがわかります。

(3) 「しょういち」がさわったときに、一匹の子犬だけが『よろしくね』と言うように、ピクッと動いた」とあります。その様子を見て、「しょういち」は、もらっていく子犬を決めました。

(4) 自分が選んだ、かわいい子犬をもらうことができて、「しょういち」がうきうきした気持ちになっていることがよく表れています。「しょういち」の元気な声が聞こえてくるようです。

(5) すぐ前の文に注目します。「しょういち」は、子犬が見せている様子から、その名前を決めました。「ぬき出して」とあるので、解答を書くときに、文中に書かれている言葉どおりに書くよう、注意しましょう。

標準レベル 35 物語(4)

解答

1 (1)タンポポ
(2)ウ
(3)れい 夜づりをしている音。
(4)れい 川の中にいた子どもが岸に上がる音。
(5)イ

指導の手引き

この物語は、川べりで車を止めていた「しょぽろさん」が、川の中から上がってきた子どもを見つけた場面を描いたものです。そして、「しょぽろさん」は、その子どもが転ぶのを見て助け起こしました。

(1) 「タンポポのわたげ」が飛んでいることから、春に起きた出来事を描いていることがわかります。

(2) 「たよりないうでで」、または「よわよわとなびき」という表現から、どのような枝であるかを想像しましょう。「たよりない」からはか弱さ、「うで」からは長さ、「よわよわとなびき」からは、弱々しさが感じ取れます。

(3) 「だれか、夜づりでもしているのでしょうか」とあります。

(4) 「ポチャリッ」という音は、夜づりの音ではなく、子どもが川から岸に上がってくる音だったことが、あとのほうの文章からわかります。

上級レベル 36 物語(4)

解答

1 (1)イ
(2)えらい子
(3)・おろしたてのようなもようのあるきもの
・むらさきや、あずきいろのはかま
・まっ白いハンカチ
(4)イ

指導の手引き

(1) 冒頭に「チヨはおどろかされた」とあるように、実際に学校に来て、ほかの一年生の子たちを見たときの「チヨ」の驚きが描かれています。

(2) 「どの子もどの子も、チヨにはえらい子にみえた」とあることからわかります。「チヨ」がそのように思ったのは、ほかの子たちが、自分より優れているように思えたからです。

(3) 「それ」は、「赤い肩さげかばん」を指しています。そのかばんだけでは、「ほんとうの一年生」ではないと、「チヨ」は、ほかの子たちを見て感じています。

(4) 「じぶんやサヨのようなみすぼらしい子もいない」とあるように、「チヨ」は、ほかの子たちはみんなあかぬけて美しく、「姿かたち」の面で、自分だけがみすぼらしく、ほかの子たちより劣っている気持ちになったのです。

注意 古い時代のことを描いた物語です。現代とは違った内容の物語であっても、時代背景をよく考えて、理解できるようにしましょう。

37 最上級レベル 3

解答

1 (1)さくら・わらび・すみれ
(2)ウ
(3)すみれ
(4)ア
(5)さくらの木の枝の　むこう
(6)ウ

指導の手引き

詩は、作者の感動や思いを表現したものです。作者が何に感動し、何を思っているのか、詩の中の言葉、表現を一つ一つていねいに読んで考えましょう。

(1) 春を表す言葉から、作者が春の光景を詠んだ詩だとわかります。

(2) 着物の帯や帯状のものを思い浮かべて、山にピンクの帯がかかっているとは、どのような様子を表しているか考えてみます。

(3) 次の行に着目します。

(4) 自分の足元に咲くすみれを見つけて、こちら側にも春が訪れたこと、また、「山のむこう」にも第一連で書かれているような、春がやって来たことに気づいた、ということがわかります。

(5) 「山のむこう」を表すのに、「さくらの木の枝の　むこう」と、美しく表現しているところがすばらしいです。

(6) 春が来たことを素直に喜ぶ、明るい気持ちが感じられます。

注意 たいへん美しい詩であることを理解したいものです。言いたいことを直接表現することをあえて避けて、さまざまな美しいイメージによって、それを伝える工夫がなされています。このような、きわめて優れた詩を数多く読むことはとても大切なことです。

38 最上級レベル 4

解答

1 (1)かみなり
(2)・夕立ちのときにおとうさんとおかあさんがかえってくると、ほっとするから
・かみなりがこわくて、ひとりだとこころぼそくてしょうがないから
(3)生木をひきさくようなすさまじいとどろき
(4)ウ

指導の手引き

(1) 「りゅう」は「よわむしがすき」で、いさむは、自分は本当は「よわむし」だと思っています。いさむは、そのことをかみなりが知っていると思って怖がっています。初めの部分だけでは、「りゅう」とは何かがわかりにくいのですが、中ほどまで読んでくると「りゅう」とはかみなりのことで、かみなりが、弱虫の自分をねらっているようで怖いのだとわかります。

(2) すぐあとの「なぜかといえば」という言葉に着目します。この言葉は、前の部分の内容の理由をあとに述べる場合に使います。

(3) 文章の中から、音を表す言葉に着目し、具体的に様子を表している部分を抜き出しましょう。

(4) 「いきをつめ、ふるえました」「死ぬかもしれない」「こわくて、いきをとめてこらえ」などの表現から、生きた心地がしないほど、怖がっていることがわかります。

39 標準レベル 主語・述語

解答

1 ①雪が ②ぼくは ③姉は ④川が ⑤わたしは ⑥えんそう会が ⑦あるのは

2 ①すずしい ②つくえです ③行きます ④きれいです ⑤兄です ⑥行こうよ ⑦ハンバーグだ

3 ①雨が・ふりだしました ②きつねは・おどろきました ③砂場は・広いです ④こうぶつは・やきいもです ⑤犬は・行ったのかな ⑥雪だるまが・できました

4 ①ウ ②ア ③イ ④ウ ⑤ア

指導の手引き

1 文の述語（「どうする」「どんなだ」「何だ」など）を先に見つけると、主語がわかりやすくなります。例えば、④の述語は「流れています」なので、流れているのは何なのか考えると主語が見つかります。⑥は、述語のあとに主語が置かれています。このように語順が変わることを倒置といいます。

2 述語は、ほとんどの場合は主語や修飾語のあとに来ますが、⑥は、述語が修飾語の前に来ています。

3 主語・述語を見つけるときは、まず述語に着目すると、見つけやすくなります。⑤は、主語・述語の順が入れかわった倒置の文です。

4 ⑤は、「あなた」、「君」などの主語が省略されていますが、「歌う」という「どうする」にあたる語がありますので、アの種類の文です。

ポイント 文の中で、「どうする」「どんなだ」「何だ」にあたる語を述語といいます。「どうする」は動作や行動を表し、「どんなだ」は状態や様子を表し、「何だ」は物や事柄を表すことに注目しましょう。

40 上級レベル 主語・述語

解答

1 （主語・述語のじゅんに）①わたしたちは・走りました ②弟は・まん足しました ③×・読もう ④花が・さきます ⑤目が・すてきです

2 ①大切なことは、毎日勉強することです。 ②いつまでも止まらないのはせきです。 ③つくえの上に二さつおいてあったのは本です。 ④いつものようにきれいだったのは姉の歌声でした。

3 ①エ ②ア ③イ ④ウ ⑤ア

指導の手引き

1 まず述語を探します。その述語の「何が」「何は」にあたる語が主語です。述語の主語にあたる語がない場合は、省略されていると考えましょう。

注意 主語と述語を正しくとらえるのは、文を理解するうえでの基本なので、よく練習しておきましょう。

❷ まず設問文の主語・述語を見つけ、それらを入れかえるようにします。

注意 文の形式(現在形か過去形)にも注意して、入れかえる際に形式をそろえるようにしましょう。

❸ ④主語は「けしきも」、述語は「すばらしい」です。主語には、「～が」「～は」の形が多いが、このように主語が「～も」の形もあります。

注意 主語には「～も」のほかに、「～こそ」などの形の語もあるので注意しましょう。

標準レベル 41 かざり言葉

解答

❶ ①会を ②行きましょう ③とけました ④真ん中に ⑤ことを ⑥乗った ⑦行きます

❷ ①たいへん ②ゆっくりと ③大きな ④真っ白な ⑤テニス大会に ⑥とても ⑦急に

❸ ①たたきました ②バッグは ③かけてきたのは ④風が ⑤見えました

❹ ①もうすぐ ②すごく ③ある ④秋には

指導の手引き

❶ 「かざり言葉」とは、ほかの言葉の意味や内容をより詳しく説明する言葉(修飾語)です。例えば、①はどのような「会」なのか、②はどのように「行く」のか、かざる言葉のおかげで詳しくなっています。

❷ かざられる言葉(被修飾語)をより詳しく、具体的にはっきりさせている言葉を探します。

❸ かざる言葉とかざられる言葉は、それら二つの言葉だけ抜き出して読んでも、意味が通ります。例えば、③「さっきかけてきたのは」としても意味が変わったりおかしくなったりしないのですが、「さっき電話を」「さっきだれですか」では意味が通りません。

ポイント

「かざり言葉」(修飾語)には、名詞などの体言にかかっていくものと、動詞・形容詞などの用言にかかっていくものの二種類があります。例えば、「楽しい会」の「楽しい」は「会」という名詞を飾っています。これに対して、「急いで駅に行く」の「急いで」は「行く」という動詞を飾っています。前者を「連体修飾語」、後者を「連用修飾語」と呼びます。

上級レベル 42 かざり言葉

解答

❶ ①いそいそと ②しとしと ③じっくりと ④ぐるぐる ⑤よちよち ⑥さらさら

❷ ①ぐさりと ②けろりと ③すやすやと ④ふわりと ⑤じろじろと ⑥しっとりと ⑦にやにやと ⑧せっせと

❸ **れい** ぼくは、落ちないように、木のえだにしっかりとつかまった。

❹ ①グラウンドで ②ランプの ③動物園には・何頭も ④きのう・本を・母に ⑤夜中に・何度も ⑥はらはらと・かたに

❺ ①× ②○ ③× ④○ ⑤×

指導の手引き

❶ 物事の様子や状態などをそれらしく表した語を擬態語といいます。

❷ 選択肢の擬態語が表す様子や状態を思い浮かべます。

注意 これらの言葉を理解するには、その意味だけでなく、どのようなイメージを伝えるものであるかがわからなければなりません。具体的なイメージを豊かに想像して意味をつかむようにします。

❸ 「しっかりと」は、土台がかたくて動かない様子や、心や体の働きが確かな様子、かたくついて離れない様子などを表します。

❹ □の言葉をより詳しくしているものを探します。「いつ・どこで・だれに・何を・どのような」などにあたる言葉に着目しましょう。

❺ ①は並立(対等)の関係。③は補助の関係。⑤は主語・述語の関係。②・④が修飾・被修飾の関係で、かざっている言葉とかざられる言葉の関係になっているので、○となります。

標準レベル 43 つなぎ言葉

解答

❶ ①そして ②だから ③しかし ④それとも ⑤そのうえ ⑥つまり

❷ ①から ②のに ③ながら ④でも

❸ (○でかこむもの)①それで ②つまり ③だから ④だけど ⑤さらに ⑥それとも ⑦なぜなら

指導の手引き

❶ 前の文とあとの文とが、どういう関係でつながっているかを考えます。そして、どの「つなぎ言葉」が適切かを考えて、選びましょう。以下に、それぞれに使われている「つ

なぎ言葉」について説明します。①は、前の事柄に引き続いて次のことが行われることを表すつなぎ言葉(順接)です。②は、前の事柄を原因・理由とする事柄が次にくることを表すつなぎ言葉(順接)です。③は、前の事柄と反対の事柄が次にくることを表すつなぎ言葉(逆接)です。④は、前の事柄とあとの事柄のどちらかを選ぶことを表すつなぎ言葉(選択)です。⑤は、前の事柄にあとの事柄を付け加えることを表すつなぎ言葉(累加)です。⑥は、前の事柄についての説明や補足が次にくることを表すつなぎ言葉(説明)です。

❷ 「つなぎ言葉」には、この設問のように前の言葉とあとの言葉をつなぐ働きをするものもあります。選択肢のつなぎ言葉を( )にあてはめて、意味が通るかどうかを確認するようにしましょう。

❸ 前の内容とそれに続くあとの内容をしっかり読み取って答えます。⑥は、前の事柄とあとの事柄を並べ、どちらかを選択することを表すつなぎ言葉が入ります。

上級レベル 44 つなぎ言葉

解答

❶ ①だれかがわたしをよんだので、わたしはふり返った。②あわてて帰ってきたけれど、間に合わなかった。③兄はスポーツがとくいなうえに、勉強もよくできる。④テレビを見つつ、本も読んでいた。

❷ ①それで・でも ②すなわち・あるいは ③ただし・さらに

❸ れい ①雨はすぐにやんだ。だから、運動会は中止にならなかった。②雨はやんだ。しかし、運動会は中止になった。

指導の手引き

❶ ①前の文が、あとの文の理由になっています。②前の文とあとの文の内容が反対になっています。③あとの文は、兄の得意なことを付け加える内容です。④「それと同時に」という意味を表す言葉を選びます。

注意 二つの文をつなぐときに、文がねじれたり、違った意味の文になったりしないように十分注意しましょう。

❷ 前後の文の内容から判断します。文をよく読み、選択肢をあてはめたあと、もう一度読んで確認しましょう。

❸ 順接を表す「だから」と、逆接を表す「しかし」を使って、短い文を作ります。解答例のように、似たような文で、正反対のことを述べるのもおもしろいでしょう。「つなぎ言葉」の使い方が間違っていなければ正解とします。

標準レベル 45 国語辞典の使い方

解答

❶ ①走る ②来る ③読む ④さく ⑤書く ⑥さみしい ⑦苦しい

❷ (右からじゅんに)①2・3・1 ②3・2・1 ③2・3・1

❸ ①ア ②イ ③ウ ④ア ⑤ウ

❹ (読みがな)アきゅうめい イきゅうこう ウきゅうちょう エきゅうじょう オきゃくしゃ
(ならべかえ)オ→イ→エ→ウ→ア

指導の手引き

❶ 国語辞典の見出し語は、言い切りの形(終止形)で出ています。

❷ 国語辞典は五十音順に並び、同じ音ならば、清音→濁音→半濁音の順に並べてあります。

❸ 一つの言葉でも複数の意味があります。傍線部を選択肢の言葉に置き換えて、どの意味がいちばんよいか考えます。

❹ 平仮名に直し、上から一字一字比べていきましょう。

上級レベル 46 国語辞典の使い方

解答

❶ (右からじゅんに)①3・1・2 ②2・3・1 ③1・3・2 ④1・2・3 ⑤2・3・1

❷ (右からじゅんに)①3・1・2 ②2・3・1 ③3・2・1(3・1・2) ④3・1・2 ⑤3・1・2

❸ ①イ ②ウ ③ア ④イ

指導の手引き

❶ すべて平仮名に直してから、国語辞典の引き方の基本に従って並べてみましょう。③「しょうか」「しょうわ」「じょうしゃ」は、まず三文字目までは同じと見なし、四文字目の「か」「わ」「し」で比べます。清音→濁音の順になるのは、「しょうしゃ」と「じょうしゃ」のように、あとの文字が同じ音の場合です。読み方は次のとおり。①「じぶん」「じご」「じびょう」。②「しゅじん」「しゅつじょう」「しゅうごう」。③「しょうか」「しょうわ」「じょうしゃ」。④「とうきゅう」「とざん」「どすう」。⑤「ひょうざん」「びょうよみ」「びょうき」。

❷ ①同じ音なら、清音→濁音→半濁音の順に並べてあります。②長音の「ー」は、直前の字の母音に変えます。「ボート」なら「ぼおと」と考えればよいでしょう。③同じ音ならば、小さく書く字→普通の字の順に並べてあります。ただし、国語辞典によっては、普通の字→小さく書く字の順に並べてあるものもあります。持っている辞典の「使い方」のところをよく読みましょう。

❸ 文をよく読んで、どのような様子、状態かを考えます。

標準レベル 47 ローマ字

解答

1 ①こくご ②ともだち ③おるがん ④じてんしゃ ⑤きょうかい ⑥にんぎょう ⑦みょうじょう ⑧しやくしょ ⑨やっきょく ⑩ひょうしょうじょう

2 ①ア ②イ ③イ ④ア ⑤イ

3 ①basu ②ohuro(ofuro) ③hikôki ④senpûki ⑤zidôsya(jidôsha)

4 ①natuyasumi(natsuyasumi) ②sin'nen(shin'nen) ③ensoku ④syôgakkô(shôgakkô) ⑤tosyokan(toshokan) ⑥Nagoya ⑦tyûrippu(chûrippu) ⑧Yamada Tomoko ⑨kitte ⑩otyawan(ochawan)

指導の手引き

1 ⑤⑥⑦⑩のように、長音を表す記号に注意しましょう。

2 ②⑤つまる音(促音)は、次の音の最初の字を重ねて表します。③長音は、母音の上に「^」を付けて表します。

注意 いろいろな言葉を、自分でローマ字にして書いてみましょう。

3 長音を表す記号を忘れずに書きましょう。なお、( )内はローマ字の別の書き表し方(ヘボン式)を示しています。次の④の( )内も同じです。

4 ②はねる音のあとにナ行の音がくる場合には、音切りの記号(')を入れます。そうしないと、「しっねん」になってしまいます。⑥と⑧のように、都市の名前や人の名前などの固有名詞の最初の字は、大文字で書きます。

ポイント ローマ字のつづり方の決まりとして、文の書きはじめ、人名・国名・地名などの固有名詞は、言葉のはじめを大文字で書きます。忘れないようにしましょう。

上級レベル 48 ローマ字

解答

1 ①Tôkyô ②Supein ③Sapporo ④Pari ⑤Ôsaka

2 ①まっちのひ ②よっとにのる ③にちようびにあう ④ふしぎなはなし ⑤ただしいこたえ ⑥びょういんにいく ⑦こうえんであそぶ ⑧えきでむかえる ⑨ほしがまたたく ⑩こっぷでのむ

3 ①obâtyan(obâchan) ②sekken ③akatyan(akachan) ④kingyo ⑤kon'nyaku

4 ①イ ②ア ③ア ④イ ⑤イ ⑥ア ⑦ア ⑧ア ⑨イ ⑩イ

指導の手引き

1 国名や地名は、初めの文字を大文字で書きます。

注意 駅や町の通りなどにもローマ字で書かれている標識などあるので、見つけたら読むようにしましょう。また、自分が住む所の地名や、自分の名前などを、ローマ字で書いてみましょう。

2 平仮名に直すときに、書き間違えやすいのは、①②⑩のつまる音の問題と、③⑥⑦の長音の問題です。気をつけましょう。

3 ①の長音の問題と、⑤のはねる音のあとにナ行の音がくる問題には、記号を使うことに注意します。

4 ①⑤国や都市の名前の最初の文字は、大文字で書きます。④「ん」の音は[n]の一文字で書きます。⑦人の名前は、姓と名の間をあけ、それぞれの最初の文字を大文字で書きます。⑨音切りの記号を使います。そうしないと、「たっにん」となってしまいます。

標準レベル 49 漢字の意味

解答

1 ①ア切 イ着 ②ア帰 イ返 ③ア追 イ負 ④ア会 イ合 ⑤ア間 イ真 ⑥ア者 イ物 ⑦ア放 イ話

2 ①開店・回転 ②回送・回想 ③教科・強化 ④自身・自信 ⑤東部・頭部

3 ①死 ②歯 ③始

4 ①オ ②エ ③イ ④ウ ⑤ア

指導の手引き

1 同訓異字の問題です。文をよく読み取り、どの意味の漢字を使えばよいか考えましょう。

注意 同訓異字は数も多く、また、紛らわしいものが多いので、よく練習しておく必要があります。

2 熟語の意味をよく考えて、適切な漢字を書きます。①「開店」は店を開くこと、「回転」は回ること。②「回送」は電車やバスなどを元あった場所にもどすこと。「回想」はすでに終わったことをもう一度思い返すこと。③「教科」は学校で習う科目のこと。「強化」はより強くすること。④「自身」はそのものであること。「自信」は能力や価値を信じて疑わないこと。⑤「東部」は東にある地域のこと。「頭部」は頭の部分のこと。

注意 これらの漢字の知識を増やすには、似通った問題を数多くこなすことが有効です。漢字というジャンルは、各自の努力しだいで確実に伸ばすことができる領域なので、怠らずに努力したいものです。

3 ①生死、②歯科、③始動と、熟語ごと漢字で書くようにします。

4 それぞれの漢字がもつ意味を理解しておくと、熟語や文の中での意味を理解するときに役に立ちます。

上級レベル 50 漢字の意味

解答

1 ①ア植 イ受 ②ア起 イ終 ③ア思 イ重 ④ア川 イ皮 ⑤ア消 イ決 ⑥ア取 イ問 ⑦ア乗 イ飲

2 ①ア洋 イ陽 ②ア注 イ柱 ③ア由 イ遊 ④ア平 イ秒 ⑤ア投 イ島 ⑥ア安 イ暗

3 ①昭 ②商 ③勝 ④章

4 れい ①よのなか。せかい。 ②小さい子。 ③びょうき。 ④作品などの名前。

指導の手引き

1 同訓異字の問題。それぞれの文の意味をよくとらえて、正しい漢字を用いるようにします。

2 同音異字の問題。同じ読み方をしても違った字を使う場合は多いものです。そのときに誤った字は、今後使わないように気をつけましょう。

3 同じ読み方をする異なる字を数多く調べてみて、正しく使い分けられるようにしておきましょう。

4 それぞれの漢字がもつ意味を理解して使うようになると、漢字の誤りが少なくなります。

最上級レベル 5 (51)

解答

1 (主語・述語のじゅんに)①×・思います ②花は・なったのか ③声が・聞こえる

2 ①ところで ②つまり ③だから ④しかし ⑤なぜなら

3 ①かりました ②きれいに ③出発します ④山の ⑤ふるでしょう ⑥行く ⑦したのかと

4 ①ア3 イ2 ウ1 ②ア3 イ2 ウ1 ③ア1 イ3 ウ2 ④ア3 イ2 ウ1

指導の手引き

1 主語・述語を見つけるときは、まず述語に着目します。また、日本語では主語が省略されることも多いことを念頭に置きながら考えましょう。

注意 自分で文を書くときにも、主語と述語をよく意識しましょう。

2 前の文とあとの文とのつながりをよく考えましょう。①話題を変えることを表すつなぎ言葉です。②前に書かれている内容をあとでまとめ直したり、別の言葉で言い換えたりするときに用いられるつなぎ言葉です。③前に書かれている内容を理由にして、あとの内容が書かれる場合に用いられるつなぎ言葉です。④前の内容とあとの内容が反対のときに用いられるつなぎ言葉です。⑤前にある内容を書いて、そのあとに理由を書く場合に用いられるつなぎ言葉です。

3 かざる言葉が、どの言葉の意味や内容を、よりはっきりさせているのかを考えましょう。

注意 ふだんから修飾・被修飾の関係を意識して、勉強することが大切です。

4 国語辞典の言葉の並び方をつかむ問題です。ここでは、二文字目、三文字目まで同じ音が並んでいるものがあります。例えば、①では、ア「しょうじきもの」、イ「しょうがつやすみ」、ウ「しょうか」と並んでいます。そこで、四文字目の「じ」「が」「か」を比べて、五十音順ではどれが先にくるか、順に検討しましょう。あとの問題も同様にやってみましょう。

最上級レベル 6 (52)

解答

1 ①Takusann → Takusan ②kaete → kaette ③Tyurippu → Tyûrippu ④rondon → Rondon

2 ①ア身 イ実 ②ア負 イ待 ウ曲 ③ア植 イ打 ウ受 ④ア使 イ仕

3 ①ア第 イ題 ②ア深 イ真 ③ア登 イ投 ウ豆 ④ア暑 イ所 ⑤ア炭 イ短

指導の手引き

1 ①「ん」は[n]一つで表します。②つまる音は、次の音の文字を重ねて表します。今のままだと「かえって」ではなく、「かえて」となります。③長音は、伸ばす音にあたる母音の上に「^」を付けて表します。今のままだと「チューリップ」ではなく、「チュリップ」となります。④国や都市の名前は、最初の文字を大文字で表します。元のローマ字の文は小文字になっています。

2 文の意味に合う漢字は何かを考えます。

3 熟語の意味を考えて、適切な漢字を書くようにしましょう。

標準レベル 53 説明文(1)

解答

1 (1)ミツバチ
(2)れい からだにためこんだみつ。・後ろ足につけた花ふんダンゴ。
(3)花とそっくりの色のクモ
(4)れい 自分の力で食りょうを巣にはこぶこと。
(5)はたらきバチ(と)女王バチ
(6)れい からだがとくに大きく、ふとく長いおなかが、あかみが強いつやのあるかっ色をしているから。

指導の手引き

(1) 文章全体の内容をとらえて、何について説明している文章か考えます。この文章は、ミツバチについて説明したものであり、はたらきバチと女王バチのそれぞれについて詳しく説明しています。
(2) 「その」などの「こそあど言葉」が指す内容を探すときは、まず直前の内容から見ていくとよいでしょう。ここでは、「そのおもさ」とは、二つのものを指していることに注意します。一つははたらきバチの体の中にためこんだみつの重さであり、もう一つは後ろ足につけた花ふんダンゴの重さです。
(3) 直前の段落に書かれている内容に注目します。はたらきバチをねらうものとして、「花とそっくりの色のクモ」が挙げられています。はたらきバチは、そういった危険をものともせずに、食糧を巣に運ぶために働かなければならないといっています。
(4) 「食りょうを巣にはこぶこと」でも正解です。
(6) 最後の段落の内容に注目します。女王バチは「とくに大きく、ふとく長いおなか」を持っていることや、「あかみが強いつやのあるかっ色」の体をしていると書いています。また、そのために、たくさんいるはたらきバチの中にいても、すぐわかると述べています。「なぜ～か」ときかれたときは、「～から。」「～ため。」と答えるようにしましょう。

注意 具体的な例をたくさん盛り込んで説明する文章は多く見られます。この文章のように、あるものについて具体的に説明している文章を読む場合には、細かな表現や内容を見逃さないようにしながら、それぞれの内容の関係も考えるようにして読み進めましょう。

上級レベル 54 説明文(1)

解答

1 (1)巣
(2)(右からじゅんに)3・5・2・4・1
(3)れい たまごをうむため。
(4)れい めすのところへはこぶこん虫をとらえるため。
(5)ア

指導の手引き

(1) この文章は、ツバメがどのようにして巣を作り、卵を産むかについて説明したものです。特に、どのように巣を作るかが詳しく書かれています。
(2) ツバメの巣作りの様子を、一日目から順によく読んでいくようにします。一日目…すこしだけどろをもる。二日目、三日目…さかんにどろを運ぶ。四日目…巣の形ができてくる。どろをどんどん積み重ねる。五日目…めすが巣の中に入る。すわりごこちをたしかめる。そして、巣の内側に鳥の羽や枯れ草をしきつめる。これらの順になるように数字を書きます。
(3) すぐあとの文に着目しましょう。
(4) 「花のみつをもとめて、いろいろなこん虫がとびまわっています」とあります。「おすのツバメが、ミツバチやハナアブをとらえては」とあるので、ツバメは、それらの虫を求めて春の畑に行くことがわかります。
(5) 選択肢のイは「体を使う」が×、ウは「花のみつをもとめて」が×です。

注意 この文章のように、ある内容について、順を追って説明していくものは多いです。そういった文章の場合は、物事の順番をよく考えながら、正確に読むようにしなければなりません。また、文章中に出てくる具体的な名前にも十分注意して、筆者が伝えようとしている内容を読み取れるようにしましょう。

標準レベル 55 説明文(2)

解答

1 (1)(じゅんに)メダカ・天敵
(2)れい べつの物になりすまして、動かずに、メダカをまちぶせしている敵のれい。
(3)ゲンゴロウ
(4)群れをつくって、見はらしのよい水面ちかくをおよぐこと。・すばしこい動きをすること。・相手をけむにまいて、物かげにかくれること。
(5)天敵たちにつかまること。

指導の手引き

(1) 初めの部分では、書かれている内容がわかりにくいですが、読み進めていくと、メダカが、天敵から逃れて生きていくために、どんな知恵をはたらかせているかについて書かれていることがわかります。
(2) すぐあとの段落の「動かずに、まちぶせをされると、……つかまってしまいます」という表現に着目します。
(4) メダカは、敵に食べられないようにするために、どんな

(5)工夫をしているかをしっかりと読み取ります。「こそあど言葉」は、ほとんどの場合、前の部分の内容を指すことが多いものです。

ポイント
「段落」に注意して読みましょう。「段落」は、文章をいくつかのまとまった内容に分けた、そのひと区切りをいいます。説明文を読むときは、その段落と段落のつながりを考えながら、段落ごとの大事な点をしっかりと読み取りましょう。

上級レベル 56 説明文(2)

解答

1
(1)イ
(2)じぶんのほうへ、ひっぱろうとする力。
(3)れい・月がいん力でひっぱるから。
・まわる地球にふりまわされるから。
(4)もちあがったぶんだけ、へる。
(5)(もちあがったところ)みちしお
(へったところ)ひきしお

指導の手引き

説明文を読み、内容を正確に読み取る練習をします。

(1)「いたずら」とは、ふつうは悪ふざけをすることを指しますが、ここでは、海の水がひいたりみちたりするのは、月と太陽の活動の結果であることを表しています。

(2)第三段落に書かれている内容を理解します。「いん力」とは、「じぶんのほうへ、ひっぱろうとする力」のことで、ここでは、太陽と月のそれぞれが、いん力を用いて自分のほうへ引きつけようとしていることを説明しています。

(3)月は太陽よりも地球に近いために、月のいん力は地球に大きな影響を与えることを説明しています。ここでは、そのいん力のために、地球上の海の水が影響を受けて、もちあがることを説明しています。また、地球自体の自転によっても海の水がもちあがることを説明しています。

(4)第五段落の内容を読み取ります。月のいん力や地球の自転によって海の水がもちあがると、「ほかのりょうがわ」では水がへってしまうことを説明しています。

(5)この文章は、海に「みちしお」と「ひきしお」がある理由について説明したものです。その名前とともに、なぜそのようになるのかを理解しましょう。

標準レベル 57 説明文(3)

解答

1
(1)れいブナが生長する過程について。(ブナがどのように生長するかについて。)
(2)イ
(3)ア
(4)れい大量の日をあびて、生長をはじめる。
(5)光合成

指導の手引き

(1)初めの段落に、「ここでは、……(ブナが)生長する過程をおってみましょう。」とあります。ブナの実が地面に落ちて芽生え、運よく残った幼い木が若木に育ち、その後老木となるまでの様子が書かれています。

(2)地面に落ちたブナの実のうち半数は動物に食べられたり、くさったりして、残りの半数が芽を出すことができると述べています。

(3)「運よく残ったブナの幼い木」は、しだいに数を減らしていき、「さいごに生き残った幼い木」だけが「若木」に育つことができると述べています。

(4)ブナの大木がたおれると、「森の天井にぽっかりあながあき」、その結果「それまで日のよくあたらなかった若木に大量の日が」さす。そして、その日をあびて、「若木」が生長を始めると述べています。

(5)「光合成」とは、植物が「日光」と「水」と、「二酸化炭素」とを原料にして、「生長に必要な栄養分」を作り出すことであると説明しています。

ポイント
文章全体の組み立てをとらえましょう。説明文では次のような組み立てになっているものが多いです。
①〔はじめ〕…これから説明する事柄を読者に知らせようとする部分。
②〔なか〕…事実や具体例を挙げながら詳しく説明している部分。
③〔おわり〕…これまで説明した事柄をまとめている部分。

上級レベル 58 説明文(3)

解答

1
(1)②→①→⑤→③→④
(2)・からにえいようがあるため。
・いどころをてきに知られないようにするため。
(3)四回皮をぬいだ(ころ)
(4)(黄色い)毛虫・さなぎ
(5)ア

指導の手引き

(1)どのような順でたまごから成虫になるのかを押さえるようにします。

(2)傍線①のすぐあとに理由が二つ書かれています。

(3)②の文でたまごから最初に出てくるのは、青虫ではなく、

「黄色い毛虫」であることに注意します。この毛虫が青虫になり、脱皮をして大きくなっていき、さなぎになります。

注意　説明文では、どのような順番でそれぞれの説明がなされているかに注意する必要があります。

59 標準レベル 説明文(4)

解答

1 (1)れい トンボの成虫にえさをあたえるために、どうしたらいいかということ。

(2)(生きている)カ・ショウジョウバエ

(3)れい メスの産卵場所に、バナナやスイカの皮を入れてみた。→ショウジョウバエが、金網の目をくぐって入りこんできた。→ショウジョウバエが、くだものの皮に卵をうみつけた。→トンボが、ショウジョウバエを食べられるようになった。

(4)しめった、やわらかな葉

指導の手引き

(1) 直前に「さて、成虫のえさをどうするか」とあるので、えさを与える方法がわからず、筆者が困っていることがわかります。

(2) 前半の部分で、えさとしていちばんよい、生きているカをつかまえることが難しいことを述べて、後半の部分で、ショウジョウバエがうまくえさとなったことを述べています。

(3) このあとの部分から、どのように解決していったかを、文章に沿ってまとめましょう。筆者が産卵場所にバナナやスイカの皮を入れてみてから、トンボが、箱の中に飛びこんでくるショウジョウバエ以外にも、箱の中で生まれるショウジョウバエまで食べられるようになった過程を、四つに分けて書くようにしましょう。

注意　(3)文章に沿って解決の過程をまとめる場合には、「それで」「すると」などの「つなぎ言葉」(接続語)に注意して、文と文の関係をつかむことが大切です。

60 上級レベル 説明文(4)

解答

1 (1)おかげで

(2)他の動物たちと、大きく異なった活動をすること。・ほかにはない社会にくらしていること。

(3)イ

(4)れい 下の内臓に大きな重みが加わること。

(5)(前からじゅんに)直立姿勢・よい・よくない

指導の手引き

(1) 「まったく新しい仕事」とは、直立する前にしていたこと(＝ほかの動物たちがすること)とは違う仕事ということです。その具体例があとの二つの段落で述べられています。その二つ目の段落の最後の文「おかげで、ヒトの生活も、体も、大きく変わることができました」が、新しい仕事の結果得られたものといえます。

(2) すぐ前の「それら」がどういう内容を指しているかを考えましょう。「それら」ですから、複数の事柄を指していることがわかります。

(3)・(4) ヒトが直立姿勢をとったことの良い面がずっと述べられてきたあとに、それとは逆の悪い面について述べられていることに、注意しましょう。

61 最上級レベル 7

解答

1 (1)林の中の、日あたりがわるく気温の上がりにくいところ。

(2)ウ

(3)三月ごろ

(4)(春になって、気温が高くなり、)ジュズダマやススキなどがじゅうぶんに育ったとき。

(5)イ

指導の手引き

(1)・(2) クロコノマチョウは、気温が上がりやすいところで越冬すると、「えさになるジュズダマやススキなどの葉」がじゅうぶんにのびていないうちに目ざめることになって、チョウの幼虫は育つことができない。そのために、「気温の上がりにくいところ」をえらんで越冬すると、述べられています。

(3) すぐ前に「三月ごろには目ざめて、活動することになるでしょう」とあります。

(4)・(5) 「ジュズダマやススキなどがじゅうぶんに育つのを待ってからのほうがつごうがいい」とあります。卵からかえった幼虫がそれらをえさにして育つからです。

62 最上級レベル 8

解答

1 (1)用具(道具)

(2)ウ

(3)ほんとうに生活になくてはならないもの。

(4)ワラ・木の皮・草・シュロの皮

(5)イ

指導の手引き

(1) 文章の話題の中心をとらえましょう。この文章は、今では使われなくなった昔の道具や、家や紙にも用いられていたワラについて説明しています。
(2) 「蓑や笠」の編み方が地方によって異なり、それらはたいへんすばらしいものであったといっています。「有名な人」や「高い値段」などという内容は書かれていません。
(3) 「『てご』と呼ばれる入れもの」、あるいは「俵、むしろ、わらぼうき、背中あて」などは、「昔の人にとってはほんとうに生活になくてはならない用具だったのだ」と述べています。
(4) 最初の段落に「ワラのないところでは、木の皮や草、シュロの皮などで」とあります。

標準レベル 63 部首・筆順・画数 (1)

解答

❶ ①木・イ ②阝・ク ③辶・オ ④氵・キ ⑤亻・コ ⑥艹・ウ ⑦ネ・ケ ⑧广・カ ⑨扌・エ ⑩癶・ア

❷ ①4(画目) ②3(画目) ③6(画目) ④3(画目)

❸ ①4(画) ②5(画) ③6(画) ④8(画) ⑤10(画) ⑥12(画) ⑦14(画) ⑧13(画) ⑨18(画) ⑩15(画)

❹ (右からじゅんに)①4−1−5−2−3 ②4−1−3−5−2

指導の手引き

❶ 部首名を誤って覚えないようにしましょう。特に「おおざと」と「こざとへん」や、「ころもへん」と「しめすへん」や、「まだれ」と「がんだれ」と「やまいだれ」などに注意します。

❷ それぞれの漢字の書き順を次に示します。答えが合っているかどうか、書き順で確かめてみましょう。

①一 ア 三 矢 矢 医
②ノ イ 仁 代 代
③ノ ⺈ ⺈ 爫 爫 受
④一 十 廾 廿 世

❸ それぞれの漢字の書き順を、参考のために次に示します。

①一 厂 反
②丨 冂 口 旦 号
③丶 丷 宀 宀 守 守
④丨 山 山 岸 岸 岸 岸
⑤ノ 亻 白 白 自 自 息 息 息
⑥丨 ﾛ ﾛ ﾛ 門 門 門 門 問 問 開 開
⑦ノ 亻 白 白 自 自 鳥 鳥 鳥 鳥 鼻 鼻
⑧丶 冂 曲 曲 曲 曲 曲 曲 農 農 農 農
⑨冂 日 日 旦 早 早 是 是 是 是 題 題
⑩丶 亠 言 言 言 訂 訂 訒 調 調 調

上級レベル 64 部首・筆順・画数 (1)

解答

1 ①いとへん ②りっとう ③のぶん ④ぎょうにんべん ⑤くにがまえ ⑥たけかんむり ⑦ごんべん ⑧しんにょう ⑨くるまへん

2 ①ア ②イ ③ア ④イ ⑤イ

3 ①ウ ②イ ③ア ④ウ ⑤ア

4 ①(部首名)こざとへん (画数)12(画) ②(部首名)そうにょう (画数)10(画) ③(部首名)はばへん (画数)11(画)

指導の手引き

1 それぞれの部首は次のとおり。①「糸」、②「刂」、③「攵」、④「彳」、⑤「口」、⑥「竹」、⑦「言」、⑧「辶」、⑨「車」。③は「ぼくづくり」、⑧は「しんにゅう」ともいいます。

2 ②「水」を書いてから点を打つのではありません。③貫く縦の棒は3画目に書きます。④「女」の書き順に注意。⑤はらう画は最後に書きます。

3 それぞれの画数は次のとおり。
①ア「全」、イ「羊」、エ「両」はすべて6画。ウ「申」のみ5画。
②ア「所」、ウ「者」、エ「昔」はすべて8画。イ「美」のみ9画。
③イ「宮」、ウ「島」、エ「庫」はすべて10画。ア「和」のみ8画。
④ア「深」、イ「転」、エ「問」はすべて11画。ウ「暑」のみ12画。
⑤イ「様」、ウ「銀」、エ「練」はすべて14画。ア「橋」のみ16画。

4 それぞれの部首は次のとおり。
①「阝」、②「走」、③「巾」。

4 それぞれの総画数は次のとおり。
①「皿」=5画、「州」=6画、「豆」=7画、「係」=9画、「章」=11画。②「味」=8画、「酒」=10画、「歯」=12画、「詩」=13画、「横」=15画。

標準レベル 65 部首・筆順・画数 (2)

解答

❶ ①4(画目) ②5(画目) ③2(画目) ④4(画目) ⑤3(画目)

❷ ①17 ②26 ③18

❸ ①安 ②柱 ③庫 ④等 ⑤球

❹ (部首名・記号のじゅんで)①こころ・エ ②まだれ・オ ③もんがまえ・キ

④しんにょう(しんにゅう)・カ　⑤さんずい・ア
⑥うかんむり・ウ　⑦また・イ

指導の手引き

1 それぞれの漢字の書き順を次に示します。答えが合っているかどうか、書き順で確かめましょう。

①丶 冂 口 央 央
②一 厂 歹 歹 死
③フ コ ヨ 尹 尹 君 君
④フ ヲ ヲ ヌ ヌ ヌ 癶 登 登 登 登
⑤丶 亠 方 方 方 扩 扩 於 族 族

2 それぞれの計算は次のとおり。
①「反」4画＋「世」5画＋「苦」8画＝17画。
②「豆」7画＋「品」9画＋「消」10画＝26画。
③「主」5画＋「丁」2画＋「動」11画＝18画。

4 漢字の部首は、その位置によって「へん・つくり・かんむり・あし・たれ・にょう・かまえ」の七つに分けられます。それぞれの部首が、漢字のどの位置にあるかをしっかりと理解しておきましょう。

上級レベル 66 部首・筆順・画数 (2)

解答

1 ①ア3 イ7　②ア6 イ5　③ア8 イ4
④ア3 イ4　⑤ア7 イ3

2 ①州　②返　③表　④重　⑤宮
⑥祭

3 ①あめかんむり　②こころ　③あなかんむり
④のぎへん　⑤くるまへん　⑥おおがい
⑦れんが(れっか)　⑧ちから　⑨おんなへん
⑩かくしがまえ

4 ①安・客・宮・実・守・定など　②役・待など
③社・礼・神・福など　④計・記・話・語・読・詩・談・調など　⑤鉄・銀など　⑥明・時・晴・曜・昭・暗など

5 ①氵・水　②扌・手　③言・言葉　④亻・人
⑤宀・家　⑥艹・植物

指導の手引き

1 それぞれの部首は次のとおり。
①「阝」、②「糸」、③「門」、④「尸」、⑤「酉」

2 それぞれの書き順は次のとおり。
①丶 丿 少 州 州 州
②一 厂 反 反 反 坂 返
③一 十 キ 主 丰 耒 耒 表
④一 二 午 言 言 亩 亩 重 重

⑤丶 丷 宀 宀 宁 宁 宮 宮
⑥ノ ク タ タ 夕 奴 奴 怒 祭 祭 祭

3 それぞれの部首は次のとおり。
①「雨」、②「心」、③「穴」、④「禾」、⑤「車」、⑥「頁」、⑦「灬」、⑧「力」、⑨「女」、⑩「匚」。

4 それぞれの部首は次のとおり。
①は「宀」、②は「亻」、③は「ネ」、④は「言」、⑤は「金」、⑥は「日」。

注意 部首はなかなか一度には覚えきれないので、新しい漢字を習うたびに確認して、少しずつ知識を増やしていくようにしましょう。

標準レベル 67 こそあど言葉 (2)

解答

1 ①絵　②ケーキ　③大きな木　④この先の道
⑤大きい池

2 ①太陽　②ふとしたこと　③たん生日　④言うとおり

3 ①背の高い男の子　②とてもかわいい人形
③大きな川　④赤くて大きな花と白くて小さな花
⑤めずらしいくだもの

4 ①ここ　②どれ

指導の手引き

1 「こそあど言葉」(指示語)の部分にあてはめてみて、意味が通じるかどうかを確認しましょう。

2 それぞれの「こそあど言葉」が、どの語を指しているかを考えます。①は何を写真にとっておこうといっているか、②は何が気になってしかたないのか、③は何の日にはたくさんの友だちが集まるのか、④はどのようにできないのか、と考えます。

3 「こそあど言葉」が指し示している一つの言葉とともに、その言葉を修飾している言葉もとらえます。①は「男の子」を指していますが、「背の高い」が「男の子」を修飾しています。②は「人形」を指していますが、「とてもかわいい」が「人形」を修飾しています。③は「川」を指していますが、「大きな」が「川」を修飾しています。⑤は「くだもの」を指していますが、「めずらしい」が「くだもの」を修飾しています。

4 ①近いものを指す場合には「これ、この、ここ」などの言葉を用います。「へや」は場所なので、「ここ」が正しいです。②はっきり特定できないものを指す場合は、「どれ・どの・どこ」などの言葉を用います。「アイスクリームやチョコレート」は物なので、「どれ」が正しいです。

上級レベル 68 こそあど言葉（2）

解答

1 ①イ ②ア ③カ ④エ ⑤ウ ⑥オ

2 (1)①これ ②ここ (2)①あの ②あちら

3 れい ①家族で近くの公園へ行って、お昼ごはんを食べること。②鳥にかんけいした仕事について、はたらくこと。③子馬たちが元気よく走ったり、人を乗せて歩いたりする様子。

指導の手引き

1 ①複数あるものの中から選ぶものをたずねるときには「どれ」を用います。②ばくぜんとしたものや人物を指すときには「その」を用います。③遠くにあるものを指すときには「あれ」を用います。④「そのような」、「そういった」という意味で、ばくぜんと指し示すときには「そんな」を用います。⑤自分から見て近い場所を指し示すときには「ここ」を用います。⑥自分がこれからすることを指し示すときには「こう」を用います。

2 自分から見て近いものを指し示すときには「こ」から始まる「こそあど言葉」を、自分から見て遠いものを指し示すときには「あ」から始まる「こそあど言葉」を使います。

3 「こそあど言葉」は一つの言葉を指し示すだけでなく、あるまとまった内容を指すことができます。

標準レベル 69 慣用句

解答

1 ①エ ②カ ③ア ④イ ⑤ウ ⑥オ

2 ①手 ②耳 ③足 ④首 ⑤目 ⑥顔

3 ①三 ②二 ③一 ④八

4 ①オ ②イ ③エ ④ウ ⑤カ ⑥ア

5 ①ウ ②ア ③エ

指導の手引き

1 慣用句の意味は次のとおり。
①うりを二つに割ったように、そっくりであること。
②用事の途中などで、なまけたり、時間をつぶしたりすること。
③人生におけるつらさなどを、とげの多い道にたとえている。
④ふだんと違って、おとなしくしている様子。
⑤心をひきしめて、まじめになること。
⑥熱心に物を探す様子。

2 慣用句の意味は次のとおり。①ひやひやしながら見守る。②注意して熱心に聞く。③他人のじゃまをする。④疑いの気持ちを表す。⑤見向きもしない。⑥その人の立場を悪くする。

3 慣用句の意味は次のとおり。①すべての条件が整う。②あれこれと言わない。すぐに。③相手に対して少しもゆずらない。④相手かまわずおこりちらす。

4 慣用句はその意味を知らないままでいると、理解することができません。したがって、一つでも多くの慣用句を身につけておくようにしましょう。

5 慣用句の意味は次のとおり。①人のあとについて軽はずみに行動する。②確かに間違いないと保証する。③ばかにしたり、みくびったりする。選択肢イの「かたずをのむ」は、じっと息を止めて、なりゆきを心配する、という意味を表します。

ポイント
慣用句は、「首をひねる」「さじを投げる」などのように、二つ以上の言葉が一続きになって、決まった意味を表す言葉です。文字だけの意味にとらわれずに、一まとまりの語句として意味をつかんでおくことが大切です。

上級レベル 70 慣用句

解答

1 ①エ ②イ ③オ ④ア ⑤ウ ⑥カ

2 (×をつけるもの)②・④

3 ①エ ②カ ③イ ④ウ ⑤オ ⑥ア

4 ①図 ②玉 ③頭 ④水

指導の手引き

1 慣用句の意味は次のとおり。①「血もなみだもない」＝心に優しさが少しもない。②「水をうったよう」＝しんとして、静かな様子。③「ほねがおれる」＝苦労する。④「身もふたもない」＝はっきりしすぎて、人情味も奥深さもない。⑤「まくらを高くする」＝安心して寝る。⑥「指をくわえる」＝ほしいが、手を出せないので、ただ見ている。

2 慣用句の意味は次のとおり。①思いつめてこらえきれない。②お金などをおしげもなく使う。たくさん使うという意味で用いられるので、②の文の「あまってしまった」とは合いません。③余計なことをして、かえって面倒を引き起こす。④訪ねてきた人を会わないで追い返す。「門前ばらい」されたのなら、家の中には入れないので、誤りです。

3 慣用句の意味を覚えるときには、慣用句が表している様子や意味を具体的なイメージにして覚えるとよいでしょう。

4 慣用句の意味は次のとおり。①「図に乗る」＝調子に乗る。②「玉にきず」＝ほんの少しの欠点。③「頭が下がる」＝相手の立派な様子に尊敬の気持ちをいだく。④「水と油」＝たがいに調和しない。

71 最上級レベル 9

解答

1 ①6(画目) ②6(画目) ③6(画目)

④9(画目)　⑤6(画目)

2 ①はつがしら　②また　③ほうへん　④とり　⑤くち　⑥おおざと　⑦みみ　⑧ひつじ　⑨あなかんむり　⑩りっとう

3 ①13(画)　②12(画)　③16(画)　④12(画)　⑤13(画)　⑥12(画)　⑦12(画)

4 ①どうしても自分の思うようにならないこと。
②いつも正直にしていること。

5 ①板　②弓　③花　④虫

指導の手引き

1 それぞれの漢字の書き順を次に示します。答えが合っているかどうか、書き順で確かめてください。

① 丨 ｢ ｢ ｢ 門 門 門 門 問 問 問

② ノ 二 千 禾 禾 秂 委 委

③ ' ろ 阝 阝 阝 阝 阝 阝 階 階 階 階

④ 一 ㄇ 冂 丙 西 西 酉 酉 酉 配

⑤ 一 丅 ⺁ 匸 矢 矢 医

2 それぞれの部首は次のとおり。①「癶」、②「又」、③「方」、④「酉」、⑤「口」、⑥「阝」、⑦「耳」、⑧「羊」、⑨「穴」、⑩「刂」。

4 「こそあど言葉」(指示語)が指すものをとらえる場合、その対象のものが抽象的な場合には誤解しやすいので、注意しましょう。

注意 それぞれの文の終わりを「〜こと。」で終わるようにします。

5 慣用句の意味は次のとおり。①「板につく」＝することがよく当たって、もの慣れた様子。②「弓を引く」＝そむく。③「話に花がさく」＝さまざまな話が次々と出る。④「虫がいい」＝自分のことだけを考えて、他人のことはかえりみない様子。

72 最上級レベル 10

解答

1 ①アうまへん　イ4(画)　②アたけかんむり　イ9(画)　③アこころ　イ9(画)　④アやまいだれ　イ5(画)

2 れい ①昔の日本の家庭では、父親がとても強い力をもっていて、家族のだれもさからえなかったこと。　②人にはそれぞれ運命というものがあること。

3 ①エ　②カ　③イ　④オ　⑤ウ　⑥ア

4 ①十　②頭　③指　④薬　⑤頭

指導の手引き

1 それぞれの部首は次のとおり。
①「馬」、②「⺮」、③「心」、④「疒」。

2 指示語が指す内容を読み取り、的確にまとめましょう。

3 慣用句を用いる場合、それぞれの場面にふさわしいものを用いるようにしましょう。

4 慣用句の意味は次のとおり。①一部分を聞いて、他のすべてを理解すること。②相手に負い目があって、対等にふるまえない。③他人からかげで悪口を言われる。④害にも益にもならない。⑤どうしたらよいか、いろいろと考える。

73 標準レベル 物語(5)

解答

1 (1)れい 発表のじゅんばんがまわってくること。
(2)教頭先生・大樹・みさと・翼
(3)おくるみ・へそのお・アルバム
(4)れい とても大切なもの
(5)あかちゃんのみさと
(6)ア

指導の手引き

(1)「発表は、うしろの席から、じゅんばん」とあるので、学校の授業で順番に当たる場面だとわかります。

(2)登場人物を確認します。四人の登場人物を探し、それぞれの人物の関係をとらえましょう。

(3)「みさと」が持ってきたものを確認します。この授業では、自分が赤ちゃんのころの物を持ってくることになっているとわかります。

(4)「みさとは、うれしそうに、おくるみを……」とあるところから、とても大切にしているものを、みんなに見せていることが読み取れます。あとの(6)の問いとも関連します。

(5)「翼」は「みさと」のアルバムを見ているので、「はだかんぼ」とは、赤ちゃんのころの「みさと」のことだとわかります。

(6)「みさと」は、「翼」が自分の大切な写真を見てからかっているのを知って、「だいっきらい!」と言っています。

注意 物語を読む場合、それがどのような場面で、どのような人物たちが出てくるのかを正確に理解する必要があります。

74 上級レベル 物語(5)

解答

1 (1)イ
(2)ぼくのうちのスイカ畑(からもってきたスイカ。)
(3)のどがごくりと鳴った
(4)草かきの柄でスイカをわろうと思ったから。
(5)ウ

指導の手引き

(1) スイカ畑にスイカがなっていることから夏であることがわかります。

(2) すぐあとの部分に「となりのスイカ畑に、なっていたんだ」とあることや、「よくうれたスイカ」とあることを読み取ります。また、「となりのスイカ畑」とは「ぼくのうちのスイカ畑」とあるので、これらの内容からも考えます。

(3) よくうれたスイカを見て、「のどがごくりと鳴った」とあることから、「ぼく」はそれを食べたがっていることがわかります。

(4) 「ゲンさん」は、草かきの柄を借りて、スイカを割っています。そうした内容を「〜から。」という形で終わるようにしてまとめましょう。

(5) 「シュワッと」という言葉が、どのような感じを表しているかを考えましょう。

標準レベル 75 物語(6)

解答

1 (1)きれいなハンカチをもっている人。
(2)手をふくハンカチと、口をふくハンカチを分けるため。
(3)きっちりとアイロンをあてたハンカチ。
(4)イ
(5)正夫は、きれいなハンカチをもってはいないということ。

指導の手引き

(1) 先生の言葉に「いま、肩をたたかれた人のハンカチは、きれいでした」とあることから、先生は生徒の間を順に回って、きれいなハンカチを持っている生徒と、そうではない生徒を見分けていることがわかります。

(2) 先生の言葉に「手をふくハンカチで口をふくわけにはいかないでしょう」とあります。この言葉から、先生は手をふくためのハンカチと、口をふくためのハンカチを分けて用意するべきだと考えていることがわかります。

(3) 「三田先生」は、自分のハンカチを生徒たちに見せていますが、それは「きっちりとアイロンをあてたハンカチ」であったと書かれています。

(4) 「三田先生」は、生徒たちに向かって、ハンカチをどのように用意するべきかをはっきりと話しています。だから、選択肢のア「細かなことを気にしない」は誤り。また、「言いたいことを大きな声でまくしたてる」ような様子は書かれていないので、ウも誤りです。

(5) きれいなハンカチを持っている生徒だけが肩をたたかれているときに、「正夫は、たたかれるはずもありません」とあることから、「正夫」はきれいなハンカチをちゃんと用意しているような生徒ではないことが読み取れます。

注意 物語文を読む場合、登場人物がどのような行動をとっているかを正確に理解することが大切です。ここでは、「三田先生」が、何のために、どのようなことをしているかを読んで理解しましょう。

上級レベル 76 物語(6)

解答

1 (1)れい おとうさん・信らい
(2)イ
(3)しょげた気分になった
(4)おとうさん・おかあさん・拓(弟)・自分
(5)ア

指導の手引き

(1) 「岳朗」は、弟の「拓」が熱を出しているために、とても心配しています。その時に父親が「あしたになれば直ってるよ」と言うのを聞いて、「まちがいなくそうなる気」がすると感じています。このことから、「岳朗」は、父親のことを深く信頼していることや、「岳朗」がそれを強く感じるほど不安な気持ちの中にいたことが読み取れます。

(2) 「こんなときのおかあさん」とは、直前に書かれている母親の様子を指しています。「熱をさげるために」「おしりに座薬を入れたり、タオルを交かんしたり、てきぱきとせわをやいている」母親を見て、「岳朗」は頼もしく感じています。

(3) すぐあとの「岳朗」の表情や様子を表している表現に着目します。

(4) 「三対一」とは、「父親、母親、拓」の三人と、自分一人の関係を表しています。父親、母親、それに病気の拓が強い結びつきをもっているのに対して、自分は「じゃま」と言われて、一人で寝に行かなければならないことを「岳朗」はつらく感じています。

(5) 「岳朗」は、ふだんは弟が寝ている「下のベッド」をのぞいてみています。それは「拓」が早くよくなってくれるように望むとともに、今はいつものベッドにも入れないような「拓」の様子を、ひどく心配しているためです。

ポイント
場面の様子を想像しながら読みましょう。そのためには、時(いつごろのことか)、場所(どこでのことか)、人(どんな人物か)を、表現に即して読み取りましょう。

標準レベル 77 物語(7)

解答

1 (1)チョウ

(2) 毛虫を捨ててくるように言われるのかと思ったから。
(3) れい 毛虫がわたしの勉強のためのものだと言われたから。
(4) イ
(5) イ

指導の手引き

(1) 「わたし」が「おばあちゃん」に毛虫を見せて、これからチョウになると言っていることから、「わたしんちに来る?」と言っている相手は、チョウの幼虫だとわかります。

(2) 「わたし」が「ドキンとした」のは、毛虫を見せた時に「おばあちゃん」が、「このきたない毛虫」と言いながら、いやそうにしたからです。そのために「わたし」は、「捨ててきなさいって言われるのかな」と思っています。

(3) 「わたし」が、「理科の勉強になるから」と言うと、「おばあちゃん」はいやがるのをやめました。そして、自分から台所へ行って、「ジャムのあきびん」を出してきてくれています。「おばあちゃん」は、「わたし」の勉強のためならしかたがないと思ったのです。

(4) 「おばあちゃん」が台所から「ジャムのあきびん」を出してきてくれたのを見て、「わたし」は、「おばあちゃん」が毛虫を飼うことを許してくれたのだとわかり、安心しています。「ほっとして」という表現から、「わたし」がそれまで不安な気持ちでいたことがよくわかります。

(5) 「胸がぽわんとあったかくなった」という表現は、毛虫を飼うことを許された「わたし」が安心しながら、喜んでいることを表しています。

上級レベル 78 物語 (7)

解答

1 (1) イ
(2) れい クモぐらいじゃおどろかない「わたし」が、クモをこわがっているのがふしぎだったから。
(3) れい クモにおびえているふりをしているのを、克哉に見られたから。
(4) かめみたいに首を引っこめた。
(5) 虫をとっては図かんで名前を調べていた(から。)

指導の手引き

(1) 「ちょうどやってきた女の子達が、体をよせて後ずさるのを見て」とあることから、「わたし」は、クモを見てこわがっているのではなく、周囲の女の子たちに合わせているだけなのです。

(2) 「克哉」が「きょとんとした目」をしたのは、「わたし」が「クモぐらいじゃおどろかない」子であることを知っているから、その行動を不思議に思ったのです。

(3) 「カーッと頭が熱くなる」は、「わたし」がとても恥ずかしい思いをしていることを表しています。それは、「クモぐらいじゃおどろかない」子なのに、クモにおびえたようなふりをしているのを、「克哉」に見られてしまったからです。

(5) 末尾の段落に、克哉が虫に詳しい理由が書かれています。

標準レベル 79 記録文・意見文 (1)

解答

1 (1) イ
(2) はげしく鳴きさけぶ、モタラのかなしい声
(3) しずかで、やさしい象。
(4) 左の前足がぼろぼろになり、たくさんの血を流してあばれてころげ回った。
(5) 人間がせんそうで使うぶきで、土の中にうめられ、ふみつけるとばくはつを起こすもの。
(6) れい 土の中にうめられたままにされ、たくさんの子どもや動物をきずつけ、命までうばいつづけている。

指導の手引き

(1) この文章では、「モタラ」という名前の象が、埋められていた地雷を踏んでしまい、そのために左の前足を失ってしまったことが書かれています。それは、戦争がどれほど恐ろしいことを引き起こすかを伝えるために書かれたものです。

(2) すぐあとの文に着目します。

(3) 「いつものしずかで、やさしいモタラ」とあります。この部分を用いて、「〜象。」の形で終わるようにまとめましょう。

(4) 「左の前足がぼろぼろになり、たくさんの血を流してあばれてころげ回る、モタラのすがた」とあります。ふだんは「しずかで、やさしい」象が、そのように苦しむことから、どれほどつらいことであるかがよく伝わってきます。

(5) 地雷について説明されている部分を探します。「地らいは、人間がせんそうで使うぶきです。土の中にうめられ、ふみつけるとばくはつを起こして」とあるので、この部分を用いて、まとめましょう

(6) 文章の最後の部分に注目します。「土の中にうめられたままにされ、たくさんの子どもや動物をきずつけ、ときには命までうばいつづけています」とあるので、これを答えとしてまとめましょう。

上級レベル 80 記録文・意見文 (1)

解答

1 (1) (人間はみな)すばらしい力(を持っていること。)

(2)勉強したり、本を読んだり、感動したりすること。
(3)イ
(4)ものを書いて生きる人間。（ものを書いて、物語を書いて生きるような人間。）
(5)イ

指導の手引き

(1) アリは「じぶんの力の何倍ものものを、運んであるくような力」をもっているといっていますが、それは人間が「すばらしい力」をもっていることを理解させるためのものです。それぞれは小さな存在であっても、その中には大きな力があることを伝えようとしています。

(2) 自分の中にある力を引き出すためには、「勉強したり、本を読んだり、感動したり」することが必要だといっています。

(3) 筆者は小学生のころ、作文の成績がいつも「丙」であったといっています。作文が苦手であった筆者が「ものを書いて生きる人間」になったように、それぞれがもっている力が将来どのようになるかは予測ができないことを伝えています。

(4) 「ものを書いて生きる人間」、また、「ものを書いて、物語を書いて生きるような人間」ともいっています。

(5) 「そんなふうにわからんものだ」と述べているように、人間は将来どのようになっていくかわからないと、筆者は考えています。

ポイント 意見文を読む場合、筆者がどのような考えをもっているかを理解することが重要です。また、その考えを支える理由をどのように説明しているかも正しくとらえるようにしましょう。

81 標準レベル 記録文・意見文 (2)

解答

1 れい (1)①薬をまく。②薬をまく。③雑草が生えないようにする。④肥料をやる。⑤水の量を調べる。⑥稲が台風でたおされる。⑦稲の穂が重そうにたれる。
(2)イ
(3)お米

指導の手引き

(1) この文章は、梅雨が明けるころから九月になるまでの間の、稲を育てる様子を書いたものです。それぞれの月に農家の人たちがどのようなことをしなければいけないかを、表にまとめた形で正確にとらえます。また、稲の様子についてもまとめます。

(2) 最後から二つ目の段落の内容に着目します。「稲の出来不出来をきめるのは、やはりその年の天候なのです」とあります。

82 上級レベル 記録文・意見文 (2)

解答

1 (1)イ
(2)人間の価値(を決めるもの。)
(3)でも、その勉強は、はたして楽しいものだろうか。
(4)ア
(5)ウ

指導の手引き

(1) この文章は「勉強」とはどういうものだと考えるべきかについて、筆者の考え方を述べたものです。

(2) 「勉強」によって、「人間の価値が決められ」とあります。

(3) 筆者のこれから述べたいことを、「……だろうか」と疑問形で書いているところに着目します。

(4) 「イヤなもの」である「勉強」を「我慢して頑張るのがベンキョー」であるというのは、いやなことをすすんでやることであり、それを良いことだと認めることなので、「変な理屈」だといえます。

(5) 筆者は、「勉強はイヤなものと決めつけてるみたいだ」と言っています。この言い方から、筆者は、「勉強」とは本来そのようなものではないという考えをもっていることが読み取れます。

注意 意見文を読む場合、まず、筆者の考えを正しく読み取ることが大切です。それぞれの筆者が独自の考え方をもっているので、公正な目でそれを正確に理解しましょう。

83 標準レベル 日記文・手紙文 (1)

解答

1 (1)ア
(2)きんもくせいの花
(3)れい きんもくせいの花は小さいのに、どうしていいかおりがするのかということ。
(4)れい 小さい花がいっぱいあつまっていいかおりがする。
(5)かおり

指導の手引き

(1) 「私」は、自分が感じ取ったことや、それについてお母さんと話し合ったことをそのまま素直に表現しています。

(2) 「私」は、母親と車に乗っていて、きんもくせいの花が咲いているのを発見しました。それが「あっ」という言葉でよく表されています。そのことについてのお母さんとの会話をよく読みましょう。

(3) 「私」は、「どうしてきんもくせいの花は、あんなに小さいのに、あんなにいいかおりがするの」と尋ねています。その内容を用いて、「〜こと。」で終わるようにまとめましょう。

(4) 「私」の質問に対して、母親は「きんもくせいの花も、いっぱいあつまっていいかおりがするのよ」と答えています。子供の質問に対して、優しく答えることができる、明るい母親の姿が伝わってきます。

注意 日記文を読む場合、書き手がどのような人物で、どのようなことを体験し、どのように感じたかを正しく読む必要があります。

上級レベル 84 日記文・手紙文 (1)

解答

1 (1)山下やすお(が)先生(に)

(2)・(はじめのあいさつ)先生、お〜しょう。

・(おわりのあいさつ)お返事を〜ようなら

(3)先生のお〜しょう。

(4)ウ

指導の手引き

(1) 手紙の初めに「先生、お元気ですか。」とあります。また、手紙の最後の部分に「山下やすお」という名前が書かれています。

(2) 三年生でも、だいたいの手紙の書き方の決まりを知っておく必要はあります。ここでは、初めのあいさつ、本文、終わりのあいさつという、大まかな組み立てを理解したいものです。

(4) この手紙の本文は、先生に伝えたい事柄を整理して上手に書かれています。自分が夏休みにしていることや、これからの楽しい予定を書いて、そのあと先生のことについても書いています。

ポイント 手紙には決まった書き方があります。大人であれば、前文・本文・末文・後づけと分けて書きますが、子供さんの場合は、そんなに形式ばることはないでしょう。だいたいの組み立てを頭に入れて、伝えたいことをまとまりごとに順序よく書けるようにしましょう。

標準レベル 85 日記文・手紙文 (2)

解答

1 (1)ウ

(2)あそぶとき

(3)なんと

(4)れい おねえさんがかえるに向かって、人間であるかのように話しかけたから。

(5)えりこちゃん

(6)「かえる　どかして。」「あはははは。」

指導の手引き

(1) この日記は、「わたし」が体験して心に残ったことを、見たものの様子や、人が話した言葉も入れて、わかりやすく書かれている点が優れています。

(2) 「あそぶ　ときに　つかう　ざいりょうを　アスレチックの　そばに　あなの　あいて　いる　木が　あって　そこの　すなとか、はっぱとか、どけて　いると」という部分は、いわゆるねじれ文で、意味がよく通じなくなっています。「あそぶ　ときに　つかう　ざいりょうを」に続く部分が書かれていないからです。

(3) 「なんと　かえるが　いたんです」という表現は、かえるを見たときの「わたし」の驚きの気持ちをよく表現しています。

(4) 「おねえさん」は、かえるに向かって、「こら　もう　はるだよ、おきなさい」と言っています。このように、かえるを人間であるかのようにして話している様子を見て、「わたしたち」は笑ってしまったのです。

(6) 「五年生のおねえさんたち」との会話の部分に目を向けましょう。

上級レベル 86 日記文・手紙文 (2)

解答

1 (1)ウ

(2)・くろおる→クロール・めえとる→メートル

・ぷうる→プール

(3)①元気　②海　③泳　④君　⑤貝　⑥日記

⑦天気　⑧教

(4)れい 元気はいいか。ぼくも元気はいい。海で泳ぐと水がしょぱくて、まずいよ。君に貝をたくさんとったぞ。ぼくは日記をなまけたから、天気やなにか、あとで教えてくれよな。ぼくはクロールで十五メートル泳げるぜ。プールできょうそうしよう。

指導の手引き

(1) 「じろちゃん」のはがきのいちばんの問題点は、句読点(、や。)がいっさい用いられていないために、たいへん読みにくいものになっている点です。解答例のように、正しく句読点を付けると、読みやすくなることを理解しましょう。

(2) 外国から来たものや、外国から来た言葉は、片仮名で書きます。片仮名で書くときは、長音記号「ー」を正しく使いましょう。

(3) 日記やはがきを書くときなど、ふだんの生活の中でも、習った漢字はどしどし使うようにしましょう。漢字で書くと、意味がわかりやすい文になることにも気づきたいものです。

(4) (1)～(3)のことを踏まえて、「じろちゃん」の手紙を書き直したのが、解答例に示したものです。初めの「じろちゃん」のはがきと比べて、いかに読みやすく、わかりやすくなっているかを理解しましょう。

87 最上級レベル 11

解答

1 (1) れい 給食はいらないということ。
(2) ア
(3) ・おしのけるようにして
・ふりきるようにして
(4) うそをついた(から。)

指導の手引き

(1) 「わたし、給食いらんていいにきたんや」という自分の言葉を指しています。「自分でもびっくりしていた」という表現から、「ユキ」はそんなことを言うつもりはなかったのに、つい言ってしまったことがわかります。

(2) 「早口に」という言葉から、「ユキ」があせっていることがわかります。「ユキ」は、給食はいらないと言ってしまったために、その理由をあわててつけ加えています。そのようにして周囲の者たちから変に思われないようにと考えています。

(3) 「ユキ」が「政志」から「目をそらせて」いるのは、自分が言ったことについて自信をもてないからです。「ユキ」は、つい言ってしまったことに対して、「政志」がのぞきこむようにして聞いてきたために、それから逃れたいと感じています。「ユキ」のそのような気持ちは、「おしのけるようにして」や「ふりきるようにして」という表現によく表されています。

(4) 「ユキ」が言った言葉が本当のことではなかったのは、「うそをついたのだ」という言葉によってわかります。「ユキ」は、とっさに「うそ」をついてしまったために、あわててしまい、相手の目を見ることができなかったのです。

ポイント

物語を読むとき、わずかな言葉が文章全体に大きな意味をもつことがあります。そのため、物語の中に書かれている大事な言葉を見逃さないようにして、注意深く読む習慣をつけることが大事です。この物語では、「うそ」という二字の言葉が、「ユキ」が見せているいろいろな行動・様子のわけを説明しています。

88 最上級レベル 12

解答

1 (1) れい 一人でカレーをつくった。・かず君を保育所に送っていってあげた。
(2) 責任
(3) ウ
(4) れい 早くカレーを食べてみたいな。

指導の手引き

(1) 「はじめてカレーをつくったんだよ」とあります。また、「かず君を保育所に送っていってあげたの」とあります。「わたし」がしたことを理解することによって、どんな子どもであるかがわかります。

(2) 「それをみんな、責任をもって、きちんとやっているんだもの、えらいわ」とあります。

(3) 「かず君」のめんどうを見たり、父親と母親にカレーを作ってあげようとしたりしていることから、優しい気持ちの子であるとわかります。

(4) 自分が料理を作ることで、「そしたら、お母さんも楽ができるから」と考えています。そのように言われたときに、どのように答えるべきかを想像しましょう。母親の口調で書くとよいでしょう。

89 標準レベル 詩(3)

解答

1 (1) ア
(2) 空はどのくらい広いのかということ。
(3) ア
(4) まぶしそうに
(5) ウ
(6) それな～のです
(7) ア

指導の手引き

(1) 「空」について尋ねようとするときの言葉であることから考えます。

(2)「神さま」に尋ねている言葉からまとめます。

(3)「こ手をかざし」とは、遠くの風景や事物をよく見ようとするときに、日の光をさえぎるように手をかざすことです。ここでは、「神さま」が空を見渡そうとしている様子を表しています。

(4)「神さま」は、作者から空の広さを尋ねられて、あらためてよく見ようとしています。「しばらくまぶしそうに」という一行に着目しましょう。

(5)「頭をかく」というのは、何かに困ったり、迷ったりするときにする動作です。ここでは、「神さま」が、空の広さを尋ねられて、答えることができずに困っている様子を表しています。

(6)「神さま」が、話している言葉を表している部分を探します。「連」とは、行を空けることで区切られている、まとまりのこと。この詩では、四つの連があって、三番目の連が「神さま」が言った言葉だけで書かれています。

(7)この詩では、作者と「神さま」の会話が書かれています。空の広さというばくぜんとした話題について、「神さま」が困って、頭をかいているという、ほのぼのとした世界が書かれています。

注意 詩を読む場合、書かれている意味や内容だけでなく、どのような感じを受けるかということを考えながら読むことが大切です。

上級レベル 90 詩(3)

解答

1 (1)ウ (2)谷間 (3)ア (4)イ (5)お父さんはいまあのあたりかな。 (6)イ

指導の手引き

(1)「オートバイのすがた」が見えないというのは、お父さんがまだ遠くの場所にいて、その音だけが先に聞こえてくるからです。お父さんは、まだ「山あい」の中にいると思われます。

(2)詩や文章を読むときには、同じものを言い換えている言葉に注意しながら読むとよいでしょう。

(3)「お父さん」の帰りが早いときの、「お母さん」の様子としてふさわしいものを選びます。

(4)外は雨が降っていますが、その中で、雨にぬれながら「梨のしろい花」が、「ひときわ明るく咲いています」といっています。これは、雨の降る夕方にいて、ある一つの明るい気持ちを感じていることを表しています。それは、お父さんがもうすぐ帰ってくることを喜ぶ気持ちです。

(5)最後から三行目は、「ぼく」がつぶやいている言葉で書かれています。「ぼく」の、お父さんの帰宅を待っている気持ちがよく表れています。

(6)この詩は、お父さんの帰宅をうれしく思う子どもの気持ちを、オートバイの音や会話、そして雨の中に咲く「梨のしろい花」の色彩の描写を通して効果的に表しています。

ポイント 詩を読む場合、連と連のつながりを考えて、詩全体の組み立てをとらえることが大事です。詩の中には、連に分けていない、一続きの詩もありますが、その詩でも、場面の移り変わりや気持ちの流れに区切りがありますので、組み立てがあるといえます。

標準レベル 91 詩(4)

解答

1 (1)れい 自分の顔を鏡にうつして、それをクレパスでかいていた。 (2)にらんで・ぎゅっとにぎって (3)あご・目 (4)ひどいよ (5)ウ (6)ア

指導の手引き

(1)「四十分もかかって」「鏡の中のぼくをにらんで」とあります。長い時間をかけて、鏡に映した自分の顔を描いていたことがわかります。

(2)「にらんで」や「ぎゅっとにぎって」という言葉は、「ぼく」が真剣に絵を描いていたことを表しています。

(3)お母さんは、「ぐいぐいあごをぬりつぶして」「目の線をくっきり引いて」、子どもが描いていた絵を勝手に直してしまっています。「すこしはよくなった」と思えるようにするためです。

(4)お母さんが「ぼく」の絵を勝手に直したことについて、第三連で、「ぼく」の気持ちが率直に述べられています。その最初の言葉が「ひどいよ」です。

(5)子どもは、真剣になって描いていた絵を母親に変えられてしまって、腹を立てています。「これ　だれの絵さ」という表現は、すぐ前に「ぼくの絵じゃないよ」「お母さんの絵でもないんだ」とあるように、だれのものであるのかわからなくなってしまったという意味を表しています。

(6)自分が腹を立てている様子を、「まどぎわのバラの花」が「まっかっか」になっている様子に重ねて表現しています。

上級レベル 92 詩 (4)

解答

1 (1)雪・クリスマス (2)二(番目) (3)三(番目) (4)ア (5)れい 戦争のために、ときにはパンさえないようなきびしい生活をしているから。 (6)四(番目)

指導の手引き

(1) 第二連に「雪がふってます」「もうすぐきます、クリスマス」とあります。

(2)・(3) 家でテレビを見ている、平和な国の「ぼく」と、テレビに写っている、「戦争の国」の「みじめな子」が対照的に描かれています。第二連に楽しいクリスマスを待つ「ぼく」の町の様子が描かれ、第三連で、戦争の国の子の厳しい現実が描かれていることに気づきましょう。

(4) テレビの中の男の子は「戦争の国」の子であって、「とても、かなしい」様子に見えたが、それを見ている子どもは、「町のかど」に「ケーキ屋」があって、その「あかり」が「きれいに」見えるような世界に住んでいます。その様子に合った選択肢を選びましょう。

(6) 最後の第四連に、作者の「戦争の国の、子ども」への強い思いが静かに語られています。

標準レベル 93 物語 (8)

解答

1 (1)コロ・母犬 (2)ゴムまりみたいに (3)白い母犬 (4)コロは鳴きながら、母犬にとびついた。 (5)・母犬は、いとしそうにコロをペロペロとなめる。 ・母犬はコロをひっくりかえしたり、おさえたりしながら、あっちこっちなめる。

指導の手引き

(1) 「コロ」は「パトラッシュによくにた犬」に向かって、とびついています。これは、その犬が「コロ」の母犬であって、「コロ」がとても会いたがっていたからです。

(2) たとえの表現を探すときは、「…みたいに」「…ように」という言い方に着目しましょう。

(3) 「白いかたまり」は、(2)の問いのように「みたい」「ような」という言葉は使われていませんが、前後の文から、白い毛の母犬の様子をたとえた表現と考えられます。

(4) 「鳴きながら、母犬にとびついた」という様子は、「コロ」が母犬に会うことができて、たいへんうれしがっている気持ちを表しています。

(5) 「コロ」に出会ったときに、母犬がしていることが書かれている部分を抜き出します。自分の子どもに会うことができた母犬のうれしい気持ちがよく表現されています。

注意 物語の中に書かれている登場人物の気持ちを、感じ取りながら読むことが大切です。この文章では、「コロ」と母犬が互いに喜び合っている気持ちが、その行動や、たとえを使った表現で描かれていることに気づきましょう。

上級レベル 94 物語 (8)

解答

1 (1)ア (2)持っていた (3)(右からじゅんに)ダム・人間・動物・おいたてられる (4)ア

指導の手引き

(1) 「このへんまで水がきちゃうよ」と言われて、ダムができたらどのようになるかが生々しく感じられた場面です。選択肢イは、「こんなところ」が、「村じゅう」とは言い切れないので誤りです。

(2) すぐあとの文「持っていた土地や家も買いとってもらえるし、……」に、その理由が述べられています。

(3) 人間に比べて、動物は、「すみか」や「エサ」などをもらえるわけでもなく、「ただ、おいたてられるだけ」だといっています。

(4) ダムができることによって、村や自然がこわされ、そこに住んでいた人間だけでなく、動物もひどいめにあうことをわかりやすく語っている物語なので、社会的な問題を取り上げているといえます。

標準レベル 95 物語 (9)

解答

1 (1)ウ (2)ア (3)れい・内臓が赤や青や白で作ってあるから。 ・静脈や動脈の赤と青の線が作られているから。 (4)よわむし

指導の手引き

(1) あとの部分に「ぼくは、ちょっぴりおもしろい。だから、ときどき見にくるんだ」とあるから、「正太」が人体模型に興味をもっていることがわかります。自分が興味をもっ

ていることをしようとするときは、気分が高まり、出す声が大きくなったりするものです。

(2)「まじまじと見つめる」とは、相手を一心にじっと見つめるという意味です。ここでは、人体模型をおもしろいという「正太」に、「ぼく」が驚いて、じっと見つめている様子を表しています。「ぼく」が「正太」の言葉に驚いたのは、ふだんから「正太」のことを「よわむし」と思っていたからです。「よわむし」だと思っていた子が、自分はにがてで、こわくてしようがないと感じるものを、おもしろがっているのにびっくりしたのです。

(3)「ぼくは、あれが大のにがてだ」と、「吐いちゃいそうにこわい」にはさまれた部分の、「……たり、……たり」という表現に着目します。この表現は、二つ以上のことを並べて述べるときに使います。

ポイント

会話文に注意して、人物の気持ちや考えを読み取りましょう。そのためには、だれが話した言葉かを、会話文の前後からつかみます。そして、会話文の内容とともに、話した人の動作や表情にも注意して読みましょう。

上級レベル 96 物語(9)

解答

1 (1)うつくしい花をさかせている(はずの木。)
(2)さくらの木がなくなってしまっていたから。
(3)風をまつだけの風車(になってしまっていた。)
(4)イ
(5)旅人はむ

指導の手引き

この文章は、以前出会ったさくらの木を訪ねてきた旅人が、さくらの木が風車になってしまったのを知って、ひどく悲しんでいる場面を描いたものです。

(1)「もういちど」とあることから、旅人は以前このさくらの木に会っており、再び会いに来たことがわかります。以前会ったときには「うつくしい花」を咲かせていたことが書かれています。

(2)「あとかたもなく、そのすがたをけしてしまっている」とあります。「うつくしい花」を咲かせているはずのさくらの木は、どこにもなく、旅人はひどく驚いています。

(3)「いまはただ、風をまつだけの風車になってしまった」とあります。さくらの木は切り倒されて、風車をつくるための材料になったことがわかります。

(4)旅人は、さくらの木が今も「うつくしい花」を咲かせていると思っていましたが、切り倒されて風車になってしまったことを知って、悲しんでいます。

(5)「なきながら」という言葉は、旅人の気持ちを表しています。「むねがつぶれるほどかなしくなってしまいました」も同じ気持ちを表しています。

標準レベル 97 物語(10)

解答

1 (1)イ
(2)れい たこ焼きを買った代金の五百円玉。
(3)ア
(4)ウ

指導の手引き

(1)「お兄さん」は「耕太」の言ったことが気に入らず、腹を立てています。そのために、「耕太」の言葉が終わらないうちに声をかぶせて話しているのです。

(2)「耕太」は「お兄さん」からたこ焼きを買っており、その代金の五百円玉を置いたと言っています。しかし、「お兄さん」はまだもらっていないと言っています。

(3)「むきになる」とは、ちょっとしたことにも腹を立てたり、決してゆずろうとしなかったりすること。ここでは、「耕太」は、確かに五百円玉を置いたと言い張って、ゆずろうとしていません。

(4)「お兄さんの声が突然、はねあがった」とは、「お兄さん」が本気で腹を立てて、相手を責めようとしている様子を表しています。意図的にであるか、自然とそうなったのかは不明ですが、いずれにしても、仲がよいと思っていた「お兄さん」が意外な態度を見せたことによって、「耕太」はたいへん驚いています。

注意 登場人物たちの間で、どのような気持ちのやり取りがあるかを読み取るのは大切なことです。ここでは、「耕太」と「お兄さん」が、互いにゆずろうとしていない様子を読み取りましょう。

上級レベル 98 物語(10)

解答

1 (1)れい ひろしは、自転車のかぎを側溝の中に落としてしまった。
(2)イ
(3)ア
(4)れい (自転車の)かぎを探しているのです。いたずらをしているのではありません。
(5)ひろしがいたずらをしていると思ったから。

指導の手引き

(1)「かぎ」が「鉄のふた」のすきまをとおって、「側溝」の「ますの中」へ落ちていったことが書かれています。「ひろし」は自転車のかぎを、誤って「側溝」の中へ落としてしまったことがわかります。

(2) かぎが「側溝」の中へ落ちていったのを見たときの、「ひろし」の気持ちにふさわしいものを選びます。まず何よりも驚きの気持ちが想像されます。あわてたり悲しがったりするのは、そのあとの気持ちにふさわしいといえます。

(3) かぎが「側溝」の中に落ちたとわかったものの、それを拾い上げることは「ひろし」にはできそうにないことでした。そのために「ひろし」は、たいへん興奮した気持ちになっています。また、「側溝」の中は枯れ葉やごみがいっぱいあり、また、「鉄のふた」は「重くて、びくとも」しないものでした。

(4)・(5) 「ぼく」が今、必死になってやっていることが、言いたかったことの中心です。おばさんは、単にいたずらをしていると思っていたのです。

99 最上級レベル 13

解答

1
(1) 四つ
(2) 一(番目)と三(番目)
(3) ア
(4) れい 春の花を次々と咲かせている。
(5) 古い木椅子にすわって、アネモネにそっと話をしようとしている。
(6) れい 白い雲を見るように、かがやきながら上をむいている。
(7) ウ

指導の手引き

(1) 一行空きに注目します。各まとまりのことを、詩では「連」といいます。連ごとにどんな内容が書かれているか注意しましょう。

(2) 第一連には「小さな椅子をかかえて」、第三連には「古い木椅子に……こしかけて」とあります。

(3) 「やっと」という言葉には、春が来るのをずっと待っていた気持ちが感じられます。春がやって来て喜んでいる気持ちを読み取りましょう。

(4) 「みえない絵描きさん」とは、春になって花が一輪ずつ咲いていく様子を表すものです。まるで「絵描きさん」がいて、花を描き続けているかのような想像をしています。

(5) 「小さな椅子をかかえていって」や、「アネモネの花にむかって/そっとお話をしよう」などの部分の内容をまとめます。春が来たことを喜びながら、優しい気持ちになっていることが表されています。

(6) 第四連に注目して、アネモネの様子がわかる部分を探します。「白い雲を追うように」、「みんなあおむいて」、「かがやいて」からわかる様子を簡単にまとめましょう。

(7) 春が来たとわかったときの、優しく、明るい気持ちに満ちた詩です。

100 最上級レベル 14

解答

1
(1) イ
(2) れい 読めない漢字がたくさんあって、見下されるから。
(3) イ
(4) ・先を知っている子たちに、最後まで聞くように注意する。
・よくトシオやタケシにあててくれる。

指導の手引き

(1) 半分以上の子が塾に行っているために、「学校でやることを、もう先に知っている子が多い」といっています。そのために「トシオやタケシ」はおもしろくない思いをもっています。

(2) 「トシオやタケシ」が漢字を読めなかったりすると、クラスの子たちは「こんな字読めないのか」とからかっています。「トシオやタケシ」は腹立ちまぎれに、「それがどうした」と思ってしまうことが書いてあります。

(3) クラスの子たちとの間に学力の差が大きいことや、「村田先生」が自分たちに気をつかってくれることから、「トシオやタケシ」はつらい気持ちを感じています。それは「くやしさ」や「みじめさ」がまざった、悲しい気持ちです。

(4) 「村田先生」は、先を知っている子たちに注意したり、「トシオやタケシ」を多くあてたりしてくれていますが、そういった気づかいもまた、「トシオやタケシ」にとってはつらいものになっていることを読み取りましょう。

101 標準レベル 説明文(5)

解答

1
(1) (じゅんに)南の国・太平洋
(2) 空き地を群れて飛ぶ
(3) (夏)成長が早く、約一か月で羽化する。
(冬)寒さによわいために全滅する。
(4) むなしい片道飛行
(5) れい トンボのほかにも、羽化場所の外に出て、太平洋を渡るこん虫は多いから。

指導の手引き

(1) ウスバキトンボについて説明している部分は、三つ目の段落です。「南の国で羽化し、太平洋を渡って日本にまで飛んでくる」トンボであると書かれています。

(2) どのように飛ぶかは、二つ目の段落に書かれています。

(3) 生まれたあとのウスバキトンボの生活ぶりについては、四つ目と五つ目の段落に書かれています。四つ目の段落には「水温の高い夏には成長が早く」とあり、五つ目の段落には「寒さによわく、……全滅しています」とあります。

(4) ウスバキトンボは、太平洋を渡って日本までやって来るが、日本の寒い冬にたえきれず、「毎冬全滅」するために往復できないことを、「むなしい片道飛行」と表現しています。

(5) 「羽化場所から外に出て行く種類」のものとして「ギンヤンマやチョウの類、ウンカやガの類」などもいるといっています。そのようにいろいろな種類の虫が、太平洋上を飛んでいるのだということを表しています。

上級レベル 102 説明文(5)

解答

1 (1)イ　(2)ウ

(3)発芽にてきした温度(をたしかめるため。)

(4)・日光のあたる時間が長くなるから。

・気温や地温が高くなるから。

指導の手引き

(1) この文章は、植物が育つには、それぞれに適した温度があることについて説明したものです。もともと暑い地方の植物は寒さに弱く、寒い地方の植物は暑さに弱いと述べています。

(2) イネは本来、暑い地方の植物なので、寒さに弱いといっています。しかし、「このごろは、いろいろな研究によって、寒さにも強い品種ができ…」とも述べています。この二つの面から考えましょう。

(3) 「たねも発芽にてきした温度があります」といっています。それぞれのたねがどのような温度だと発芽しやすいかを、「温度をいろいろかえ」て、実験することをすすめています。また、温度のほかに、「日光のあたりかたのちがい」などが、植物が育つうえで大きな関係をもつとも述べています。

(4) 「三月から六月にかけて」のことをいっています。「日光のあたっている時間がだんだん長くなる」季節で、「気温や地温もだんだんと高くなって」くるために、草や木は成長しやすいと説明しています。「なぜ」という問いかけなので、「～から。」という形で終わるように書きましょう。

注意 説明文では、説明されている内容をよくつかむのはもちろんですが、文章の中に出てくる具体例についても、よく理解しなければなりません。具体的な内容を理解しながら読み進める習慣をつけましょう。

標準レベル 103 説明文(6)

解答

1 (1)アサガオ・ヒマワリ・アブラナ・ダイズ

(2)ダリア・チューリップ・グラジオラス

(3)(双子葉植物)タネから発芽するときに、はじめにふた葉をのばす植物。

(単子葉植物)タネから発芽するときに、はじめに子葉を一枚しかのばさない植物。

(4)イネ・トウモロコシ・ススキ

(5)れい ジャガイモがふた葉をのばすなかまであることをたしかめるためには、タネをまいて育てるひつようがあるから。

指導の手引き

(1) タネをまいて育てる植物については、最初の段落で多くの具体例を出しながら説明しています。

(2) 球根から育てる花については、二つ目の段落で説明しています。また、キクはかぶ分けという方法でふやすといっています。

(3) 双子葉植物と単子葉植物については、四つ目の段落で説明しています。双子葉植物とは、「はじめにふた葉をのばすなかまのこと」であり、単子葉植物とは「子葉を一枚しかのばさないなかま」であると述べています。

(5) ジャガイモは本来双子葉植物ですが、ふつうはタネイモから育てるために、そのことを確かめることができません。筆者は、それを確かめるために、タネイモからではなく、タネからジャガイモを育てたいと考えています。

ポイント

段落のつながりを考えて読みましょう。段落の初めの言葉や「つなぎ言葉」(接続語)、「こそあど言葉」(指示語)などに注意して、段落と段落との相互の関係をとらえましょう。

上級レベル 104 説明文(6)

解答

1 (1)(二つめのまとまり)なぜ、ゆめ

(三つめのまとまり)でも、いつ

(2)空をとんでいるゆめ・あなに落ちたゆめ

(3)・おぼえておくひつようがなくなったものがゆめになるという考え方。

・心のおくでおもっていることが、ゆめとかんけいがあるという考え方。

(4)深いねむりとあさいねむりを、じゅんばんに四回くらい、くりかえしてねむる。

(5)あさいねむりのとき。

指導の手引き

(1) 段落のまとまりごとに、何について書かれているかに注意して読みます。この文章では、初めの段落で夢の話題をあげて、二つ目の段落から「なぜ、ゆめを見るのか」について述べて、さらに三つ目から五つ目の段落で「いつ、ゆめを見るのか」について説明しています。

(2) ゆめの例は初めの段落に、「空をとんでいるゆめ、あな

(3) に落ちたゆめなど」とあります。ゆめを見るわけについては、二つ目の段落で説明しています。「ほんとうのわけは、まだよくわかっていません」と前置きしながら、学者が考える二つのわけを書いています。「おぼえておくひつようがなくなったものがゆめになる」という考え方と、「心のおくでおもっていることが、ゆめとかんけいがある」という考え方です。いずれも「ほんとうかどうか、たしかめられていません」といっています。

(4)・(5) 人は、どのようにしてねむるのかについて述べたあと、最後の段落で、「ゆめは、このあさいねむりのときに見ている」と結論を述べています。

標準レベル 105 説明文 (7)

1 解答

(1) イ
(2) ①子ギツネ　②(キツネの)外敵
(3) ひとりだちの日・子ギツネ・狩り
(4) 独立
(5) 子を追いだしやすい、ホームレンジのはしにある巣穴に移動する。
(6) 子ギツネに本気でかみついて、ホームレンジから追いだす。

指導の手引き

(1) この文章は、子ギツネがどのように育てられ、「おとなのなかまいり」をさせられるかについて、順に説明したものです。

(3) 二つ目の段落に、親ギツネが、どのようにして子ギツネに狩りの仕方を教えるかが、説明されています。

(5) 子別れが近づくと、親はホームレンジのはしにある巣穴に移動します。それは、子ギツネを追いだしやすいからだと、説明されています。

上級レベル 106 説明文 (7)

1 解答

(1) はじめはよく見えないが、二分か三分して暗さに目がなれてくると、見えてくる。
(2) 目のまんなかにある、まるい黒い部分。
(3) 目の中にはいってきたさまざまな光を感じるためのもの。
(4) よく見ようとして、少しでも多く光をとりいれようとするため。
(5) 二、三分ほどかかる。
(6) カメラのフィルムのようなもの

指導の手引き

(1) 最初の段落の内容に注目します。「暗さに目がなれるまでは、よく見えないことがあ」るといい、また、「二分から三分して、暗さに目がなれてくると、見えてきます」といっています。これらの部分を用いてまとめましょう。

(2) 二つ目の段落の先頭の部分の内容に着目します。「まんなかにまるい黒い部分」があり、それを「ひとみ」だといっています。

(3) 二つ目の段落の最後の部分の内容に着目します。「網膜」は、「はいってきたさまざまな光」を感じるためのものであるといっています。

(4) 三つ目の段落の内容に注目します。「ひとみ」の大きさが変わるのは、「少しでも多く光をとりいれようとするため」だとあります。

(5) 最後の段落に、網膜が光を感じとれるようになるまでには、「二、三分ほどかかります」とあります。

ポイント　科学的な内容の説明文を、大事なことをおさえながら読み取りましょう。事実や具体的な例を挙げて、専門的な内容をわかりやすく説明しているところに注意して読みましょう。

標準レベル 107 記録文・意見文 (3)

1 解答

(1) ウ
(2) 真にやさしい人
(3) 精神的にもその他の面でも力不足だから。
(4) れい　しっかりとした自分の考えをもち、自分の足で力強く人生を歩んでいくこと。
(5) あなたを思いやっての言葉

指導の手引き

(1) この文章は、自分にとって本当の友だちとはどんな人かという内容について書かれたものです。筆者は「見せかけのやさしさ」ではなく、「真にやさしい人」こそが、本当の友だちだと考えています。

(2) 対照的な内容の言葉を、字数にも注意して探しましょう。

(4) 「やさしさとともに厳しさ」をもつ人は、「しっかりとした自分の考え」をもっている人であり、「自分の足で力強く人生を歩んでい」る人であると述べています。

(5) 自分にとって本当の友だちは、「やさしさとともに厳しさ」をもっている人なので、「厳しく忠告したり、ズバリと批判したり」するといっています。その人がそのようにするのは、友だちを思いやってのことであり、「あなたを思いやって」の結果だと述べています。

上級レベル 108

記録文・意見文 (3)

解答 1

(1)しみじみとすきとおった世界
(2)ちっぽけな点
(3)れい 悩みや、つらさ、コンプレックスは、じつにちっぽけなことだということ。
(4)どこかの山に行ってみたらいい。
(5)ア

指導の手引き

(1) 筆者は、マッキンリーという山でそうなんしかかったあとに、自分が「静けさだけのひっそりした世界」にいることに気づきました。そこは、「しみじみとすきとおった世界」であって、すべてのものが凍りついていました。そして、筆者は、そこで、それまでにもっていなかった考えを得ることになったのです。

(2) 鳥は、「かちんかちんにこおって」いて、「豆粒の点」のように見えたといっています。そして、自分自身もまたその鳥と同じように、一つの「点」にすぎないという考えをもつようになりました。

(3) 筆者は、すべてが凍った世界の中で、「何か大事なこと」を発見しました。それは、「日ごろの悩みや、いろいろなつらさ、さまざまなコンプレックス」などは、「ちっぽけなこと」にすぎないという発見であったのです。

(4) 筆者が発見したようなことは、「社会の中にいるとわからなくなってくる」ことだといっています。そのため、社会の中にいるだけではなくて、「一度どこかの山」に行くことをすすめています。

(5) 筆者は、自然の中にいることによって、それまでになかった考えをもつようになった体験を述べています。

標準レベル 109

日記文・手紙文 (3)

解答 1

(1)ふじたゆう子
(2)イ
(3)わたしは、六
(4)「ふじたさーん!」
(5)あしたは学校へ行けそうなくらい元気な様子。
(6)ア

指導の手引き

(1) 「となりの席のゆう子ちゃん」のお見舞いに行ったことを書いています。そして、「ゆう子ちゃん」の家に行ったときに、「ふじたさーん」と呼んでいるので、「ふじたゆう子」さんのことだとわかります。

(3) (早くおわらないかな。早くおわらないかな。)と「心の中でれんぱつし」たというのは、早く学校が終わって、「ゆう子ちゃん」のお見舞いに行きたいと思っている気持ちの表れです。

(4) いきなり場面が変わるようで、少しわかりにくいですが、「ふじたさーん!」「はーい。」という応答から、ゆう子ちゃんの家に着いた場面ということがわかります。

(6) 「山口さん」が「ふじたさーん!」と呼んで、「はーい。」と返事が返ってきた場面は、実際の会話で書かれていて、印象深いです。

上級レベル 110

日記文・手紙文 (3)

解答 1

(1)四つ
(2)れい おじいちゃんがカゼをひいていること。
(3)・おじいちゃんがつくるおもちがおいしいから。
・神社に行くと、気もちがおだやかになるから。
(4)イ
(5)では、また来月ね。さようなら。
(6)ウ

指導の手引き

(1) それぞれの段落ごとに、「おじいちゃん」に話したいことが書かれています。初めは、おじいちゃんのカゼを心配していること、二番目は、お正月におじいちゃんの家に行くのが楽しみなこと、三番目は、お兄さんのこと、四番目は、お母さんの伝言と「わたし」の気持ちというように、言いたいことをよく整理して書いています。

(4) 人から聞いたことであることがわかる、文末の言い方を選びましょう。

(5) 最後の「さようなら」というあいさつの言葉に注目しましょう。

111

最上級レベル 15

解答 1

(1)つい二日前歩きだしたばかり
(2)ウ
(3)ア
(4)ア

指導の手引き

(1) 子ダヌキの「ミュー」は、まだ幼いタヌキです。それは「つい二日前歩きだしたばかり」という表現からわかります。しかし、「すばやい早さの走り」で、どこかへ消えてしまったのです。

(2) 「ミュー、ミュー」と「優治」は呼んでいます。「名前を呼んで、ミューが鳴いてこたえたことはない」のに、「優治」がそのようにしたのは、見つけるためのいい方法が思いつかず、必死になっていたからです。

(3) 「ミュー」がいったいどこに行ってしまったのか、「優治」

には見当もつかないでいます。そのために「優治」は、どうしようもなくなっており、泣きたくなっています。

(4) 水道のじゃ口から水がしたたる音を書いているのは「優治」のいる場所にはほかに物音がなく、それは「ミュー」がそこにはいないことをよく表しています。また、水道の音は、時間が少しずつたっていることも効果的に表しています。

注意 登場人物の気持ちをよく表現している言葉が多く使われていますので、それらがどのような気持ちを表しているかを読み取りましょう。

112 最上級レベル 16

解答

1

(1) 赤くておいしいところ

(2) れい 実の中のたねが動物のフンといっしょに外に出され、フンを肥料にして、芽をだして育っていくことができること。

(3) ・中のたねができあがるまでは、目だたない色をしていること。

・中のたねができあがるまでに動物に見つかっても、二度と食べたくなくなるようなあじをしていること。

(4) ウ

指導の手引き

(1) 「ほんとうの実」は「かたいからをかぶっている」と述べています。ほかのところは、すぐあとに「赤くておいしいところ」と書いています。ふつうイチゴの赤いところを「実」と考えがちなのを、そうではないですよと説明しているのです。

(2) 実が動物に食べられることは、植物にとって悪いことではなく、むしろそれをねらっているという内容が書かれています。赤いイチゴの例においては、実は動物に食べられたあと、フンといっしょに出され、実はそのフンを肥料にして育っていくという、よい点が述べられています。

(3) 「動物に食べられることを予想しているとおもえるような実」とは、中のたねがしっかりとできあがるまでは、動物に食べられないような工夫をしている実のことです。それらの実は、たねができるまでは目だたない色をしていたり、食べられてもまずい味がしたりするようになっています。

(4) 実は、動物に食べられて遠くへ運ばれたり、動物のフンによって育ったりしていることから、植物が動物をうまく利用しているといえます。

注意 説明的な文章を読むときは、話題をしっかりとつかみ、具体的な内容を正確に把握するように心がけなければなりません。

113 仕上げテスト 1

解答

★1 ①しなもの・くば ②せき・つ ③うんどうかい・はじ ④しあわ・おく ⑤あつ・あ ⑥けんきゅう・はっぴょう

★2 ①仕事 ②心配 ③方向 ④湖

★3 (○をつけるもの)①おおあめ ②とけい ③じめん ④こづつみ ⑤みかづき ⑦とおりみち ⑧おうじさま

★4 ①エ ②ア ③オ ④イ ⑤ウ ⑥カ

指導の手引き

★1 ②「着」、⑤「開」は、読み方がいくつもある漢字なので注意しましょう。

★3 ①「大」は「おお(きい)」とつづるので、「おお」+「あめ」となります。②エ列の長音は「え」を添えるのが原則ですが、「時計」(とけい)のように「い」を添えるものが多いことに注意します。③「地」は「ち」とつづりますが、「面」とつながると「じ」になります。④「包み」は「つつみ」とつづるので、「こづつみ」となります。⑤「月」は「つき」とつづるので、「みかづき」となります。⑥「通り」は「とおり」とつづるので、「とおりみち」となります。⑦「王」は「おう」とつづるので、「おうじ」となります。

★4 ①、②、⑤はそれぞれ意味のにた言葉で、他は反対の意味の言葉です。選択肢の言葉を漢字に直すと、次のようになります。ア「賛成」、イ「現実」、ウ「誠意」、エ「筋道」、オ「危険」、カ「解散」。

114 仕上げテスト 2

解答

★1 (主語・述語のじゅんで)①わたしは・手伝った ②妹は・歌います ③星が・かがやいていた ④夕やけは・きれいだ ⑤音が・聞こえてきた

★2 ①4(画目) ②6(画目) ③3(画目) ④4(画目) ⑤2(画目)

★3 ①横切った ②手間は ③ありません ④鳴いている ⑤しばった ⑥本は

★4 ①かくしがまえ ②もんがまえ ③こざとへん ④うかんむり ⑤さんずい ⑥おおざと

★5 ①しろいようふくをきる。②ともだちといっしょにあそぶ。

解答

③じてんしゃにのってでかける。
④きれいなゆうやけがみえる。
⑤はっぴをきておまつりにいく。
⑥とうさんがかえるとうれしい。

指導の手引き

★1 まず述語を探し、それに対応する主語を探します。
★2 それぞれの書き順は次のとおり。
①㇆ ⺕ ヨ 尹 尹 君 君
②一 二 亍 工 式 式
③丨 冂 巾 由 曲 曲
④丶 亠 广 户 庐 庐 庐 度 度
⑤亅 亅 氵 氺 氷
★3 かざり言葉が直接かざっていると思われる言葉を探し、かざり言葉とつなげて読んでみて、意味の通じるものを選ぶようにしましょう。
★4 それぞれの部首は次のとおり。
①「匚」、②「門」、③「阝」、④「宀」、⑤「氵」、⑥「阝」。
★5 ローマ字で書かれた文を読む問題です。長音・促音の読み方や助詞に注意しましょう。

115 仕上げテスト 3

解答

★1 ①ボールけりをして遊ぶこと。
②やわらかい光がへやのまどからさしこんでいたこと。
③おとうさんがせすじを正してピアノの前にすわり、しずかに曲をひき始めたこと。
④どうすべきかまよったときに、自分の心にしずかに問いかけてみること。
★2 ①ところで　②あるいは　③けれども　④さらに　⑤それで
★3 ①気　②角　③手　④虫　⑤矢

指導の手引き

★1 それぞれの「こそあど言葉」（指示語）がどのような内容を指しているかを読み取り、その内容を簡潔にまとめて書きましょう。
★3 それぞれ慣用句の意味は次のとおり。
①「元気がなくなり、ふさぎこむ。」、②「学問や知識にすぐれていて、多くの人の中で目立つようになる。」、③「ほしくてほしくてたまらない。」、④「何か起こりそうだと前もってなんとなく感じられる。」、⑤「思いつめて、こらえきれない」。

注意　「こそあど言葉」（指示語）は一つの言葉を指すものから、複数の文全体を指すものまであるので、注意しましょう。

116 仕上げテスト 4

解答

★1 (1)三つ
(2)文の句ぎりの　点のように
(3)白い花・やさしいハートの葉・ぐんぐんとのびるつる・大きな木
(4)希望
(5)ウ

指導の手引き

(1) 一行空きのところが二つあります。
(2) タネつぶのことを「文の句ぎりの点」のようだといっています。タネつぶが「用紙」の上に乗っている様子をよく表しています。
(3) 詩の第二連の内容に注目します。「タネつぶ」がこれからどうなっていくかという想像が多く書かれています。「〜のだろうか」という形で書かれている四つの内容から書きましょう。
(4) タネつぶが、これからいろいろなもののどれかになっていくだろうという思いは、「未来」への「希望」であるといっています。
(5) 「未来へ　旅立てる／かたちで」という表現は、タネつぶが、これから大きなものに成長していく力をそなえていることを、美しく表現しています。

注意　詩の中で用いられている言葉には、深い意味がこめられている場合が多いので、想像力をはたらかせましょう。

117 仕上げテスト 5

解答

★1 (1)**れい** やさいをビニールぶくろに入れて家まで運んであげた。
(2)ウ
(3)しばらく行
(4)おばあちゃんのえがお、お日さまみたいにぴかぴかだ。
(5)**れい** 手つだったことを、おばあちゃんがよろこんでいるので、自分もうれしくなった気持ち。

指導の手引き

(1) 文章の前半部分から、「ぼく」のしたことや、おばあちゃんの言ったことを読み取って、できるだけ短くまとめましょう。

(2)「歌うように」というたとえの意味を考えます。おばあちゃんが重いのではないかと心配してくれたので、「こうちゃん」は、「だいじょうぶ」ということを、明るい調子で告げています。

(3)野菜を入れたふくろが重いものであることは、「うでにふくろの持ち手がくいこんで、まっかになった」という表現によく表されています。文の初めの五字をぬき出すように注意しましょう。

(4)家に着いたときに、おばあちゃんは、「こうちゃん」が手伝ってくれたことをとても喜んでいます。「えがお」や「お日さまみたいにぴかぴか」という表現は、おばあちゃんのうれしい気持ちをよく表しています。

(5)おばあちゃんが喜ぶ様子を見て、「こうちゃん」はうれしい気持ちになっています。

118 仕上げテスト 6

解答

★1

(1)イ

(2)お風呂掃除・犬にえさをやること

(3)ウ

(4)ア

(5)お母さんの

指導の手引き

(1)「つなぎ言葉」の問題です。前の文とあとの文とのつながりを考えましょう。ここでは、二つのもののうち、どちらかを選ぶことを表す言葉が入ります。

(2)「例えば」とある部分に着目します。「お風呂掃除」や「犬にえさをやる」ことが例として挙げられています。筆者は、そのような、家の中における「私の役目」を持つことをすすめています。

(3)「私の役目」とは、「家族のために果たすべき役目」であり、それをすることを怠ると、「みんなが困る」ような仕事のことです。

(4)家族のみんなが必要とするような仕事をする人は、家族にとって「なくてはならない相手」であり、大切に思われる人です。

(5)最後の段落に注目しましょう。これまで述べてきたことをここでまとめて、筆者のいちばん言いたかったことを、みんなに呼びかける形で述べています。

119 仕上げテスト 7

解答

★1

(1)おじいちゃんみたいに大工になって、なんでも作れるようになりたい。

(2)ア

(3)ウ

(4)イ

(5)れい おじいちゃんは、病気のため、長くつづけてきた大工の仕事がもうできなくなったこと。

指導の手引き

(1)「ぼく」のおじいちゃんは、「ぼく」に対して、もっと外で遊ぶことをすすめていますが、「良太」は「おじいちゃんみたいに大工になりたい」と言っています。そして、「なんでも作れるようになりたい」とも言っています。これらの内容を簡潔にまとめましょう。

(2)「良太」が涙を流しているのは、おじいちゃんに向かって自分の気持ちを告げているうちに、気持ちが高ぶってきたからです。悲しみや苦しさから泣いているわけではないことに注意しましょう。

(3)おじいちゃんの手が「どんどんひろがって、良太のからだをつつんでしまうほど大きく」見えたというのは、たとえを使った表現です。「良太」からすると、おじいちゃんは立派な存在であって、自分のすべてを包んでしまうかのように感じられたことを表しています。「良太」がそのように感じるのは、おじいちゃんが大きな愛情をもって、「良太」に接しているからだと読み取れます。

(5)「しおどき」のことを「休けい時間」と言い換えています。おじいちゃんは、そろそろ自分が働く時も終わりに近づきつつあることを感じており、そのことを「良太」に告げているのです。「長いこと歩きっぱなしだった」とは、おじいちゃんがずっと働き続けてきた人であることをよく表しています。

120 仕上げテスト 8

解答

★1

(1)(右からじゅんに)植物プランクトン・動物プランクトン・イワシなどの小魚・カツオ

(こうした関係)食物連鎖

(2)ウ

(3)養分

指導の手引き

(1)▼▲の部分の中には、「食物連鎖」についての説明が書かれています。「食物連鎖」とは、多くの生物が関係し合って、生命をつないでいることです。「植物プランクトン」は「動物プランクトン」に食べられ、「動物プランクトン」は「イワシなどの小魚」に食べられます。さらに、「イワシなどの小魚」は「カツオ」に食べられると述べています。

(2)「食物連鎖」において、より小さいものはより大きいものに食べられますが、食べられるほうの小さいものは、数多く必要であることが説明されています。「十キログラムのイワシ」は「百キログラムのオキアミなどの動物プランクトン」を食べる。また、「百キログラムの動物プランクトン」は「千キログラムの植物プランクトン」を食べるといっています。

(3) 米や野菜が「肥料」によって育つように、「植物プランクトン」もまた、「チッ素、リン酸、カリウム」などの「養分」を吸収して育つと述べています。これは、「食物連鎖」の最底辺にいる「植物プランクトン」は、何をえさにしているかということを説明するためのものです。

☆16